医療・福祉の質が高まる
生活支援記録法
F-SOAIP
エフソ・
アイピー
多職種の実践を可視化する新しい経過記録

著 嶌末憲子 小嶋章吾

中央法規

推薦の言葉

　高齢者介護をはじめ、保育・障害・困窮などの福祉分野においては、2つの目標、すなわちサービスの質の向上と生産性向上の双方が社会から強く要請されている。さらに医療分野を含む多職種協働・多機関連携によるチームケアを推進するためにも、生活支援記録の共通言語化＝標準化を通ずる使いやすさのみならず、働き甲斐と意欲向上を生み出す方法論が欠かせない。そこで、わが国で最も進んだ記録法と考えられる F-SOAIP（エフソ・アイピー）の全体像を把握する最適の書籍として、本書を幅広い関係者へ推薦したい。

　現在、厚生労働省が研究事業によって継続的に取り組んでいる介護生産性向上研究でも、労働強化の意味ではなく、従事者がこの分野での仕事に誇りをもち、働きやすい現場をつくり、よいプランを作成し、ひいては質の高いサービスにつながる成果が目指されている。成果を伴わない地域包括ケアシステムの構築はありえないからである。

　政策論としての地域包括ケアシステム論は、たしかに対象人数が多く、介護保険という大きな安定的財源のある高齢者ケア分野から始まった。しかし、多様なサービスを統合的に考え、多職種協働・多機関連携によって提供していく考え方は、障害者支援、児童ケア、困窮ケアなどでも大いに活用できると関係者の理解が深まっていきつつある。

　現在の地域包括ケア概念は、「日常生活圏域を単位として、何らかの支援を必要としている人々を含め、誰もが、望むなら、住み慣れた地域の住みかにおいて、自らも主体的な地域生活の参加者として、尊厳を保ちつつ安心して暮らし続けられるための仕組み」と表せる。本書は、そうした地域包括ケアシステム構築が進む各自治体の取り組みを視野に入れながら、日々の現場で努力を重ねる各種専門職にとって、具体的で役に立つ展望と、強い連携力を与えてくれるだろう。

　目次を一瞥すればわかるように、本書では、「理論」「演習」「場面」「展望」がバランスよく配置されている。読者の仕事の質を上げ、生産性を改善するのみならず、従事者間の共通理解も促進されるものと確信する。

2020 年 2 月吉日
公立大学法人埼玉県立大学理事長・慶應義塾大学名誉教授

田中 滋

はじめに

本書はソーシャルアクションの一環

　私たち筆者は、生活支援記録法（以下、F-SOAIP^{エフソ・アイピー}）による経過記録のイノベーションと諸課題解決を目指すソーシャルアクションの一環として本書を刊行いたしました。

　F-SOAIP は、地域包括ケアシステムや地域共生社会、包括的支援体制の実現が求められるなかで機運が高まっている意思決定支援や自立支援等の科学的な実践、多職種連携、医療・介護におけるデータ利活用などの諸課題解決に貢献し得る経過記録の方法です。また ICT 化との親和性も高く、F-SOAIP を搭載した認知症ケアシステムなどの開発も進められています。

　また、これまでに自治体や職能団体、関係機関と協働して開催した F-SOAIP の研修も、全国 25 都府県に及び、延べ約 6,000 人が参加し、普及が広がっています（2020 年 3 月末見込み）。

生活支援記録法―革新的な経過記録の手法―

　記入のための時間確保や多職種連携にふさわしい記録内容の質的な向上など、対人支援専門職にとって経過記録には解決すべき課題が多くあります。

　そのため、これまでも記録に関するさまざまな書籍が刊行され、研修などもさかんに行われてきました。しかし、残念ながら、現場のニーズに合ったものばかりではなく、事業所の管理者や職能団体の研修担当者などからは、「いろいろな記録の書き方を試してみたが、どれも現場にそぐわなかった」といった切実な声が挙がっています。

　F-SOAIP は、こうした声に応えるために筆者らが開発した革新的な経過記録の手法です。ぜひ本書をお読みいただき、記録の革新からひいては実践全体の革新へとつなげていただければ幸いです。

本書の使い方

　本書は、独学でも F-SOAIP を理解し、修得できることを目指しています。本書は 4 つのパートで構成されています。

　第 1 章では、既存の記録方法と F-SOAIP がいかに異なるかを解説します。続く第 2 章は、基本の 6 項目（F、S、O、A、I、P）への理解を深め、実際に F-SOAIP を活用できるようになることを目的としています。第 3 章は、①介護・保育・生活支援、②ケースマネジメント（障害者、高齢者、地域など）、③ソーシャルワーク、④保健医療（医師、薬剤師、保健師など）、⑤行政（福祉相談）、⑥会議・プロジェクト評価・研修と、医療福祉の多分野・多領域・多機関・多職種における記録例を網羅的に掲載しています。F-SOAIP が職種や事業所を問わず共用できる、対人支援専門職の経過記録の方法であることを実感できるはずです。最後に第 4 章では、F-SOAIP の今後の展望をまとめました。

目次

第**4**章　展望編　**生活支援記録法によるイノベーション**

第 **1** 章

理論編
生活支援記録法とは

F S O
A P

1 生活支援記録法を理解しよう

1 対人支援専門職と記録

1. 記録の意義

対人支援専門職にとっての記録の意義は、大きく3つあるといわれてきました。また近年では、対人支援の質向上などに向けて、データ化・分析につなげようという動きもあり、4つ目の意義も提唱され始めています※（図表1）。

図表1　記録の意義

1　記録は、法的義務である
2　記録により実践を証明できる
3　記録は、利用者の生活・人生の証である
4　記録は、データとして実践の分析に活用できる

法的義務

記録には、法的義務が伴います。たとえば、医師が診療したときの記録（診療録）は、医師法第24条や医師法施行規則第23条等で示されています。また介護記録であれば、介護保険法そのものには規定がないものの、「指定介護老人福祉施設の人員、設備及び運営に関する基準」をはじめとする各サービスの「運営基準」で必要な要件が定められています。

実践の証明

福祉分野（介護、保育、ケアマネジメント、ソーシャルワークなどを含む）や医療分野（看護、リハビリテーション、治療などを含む）における相談支援は、傍目からはわかりにくい業務です。記録は、その業務の実績を残し、利用者や患者（以下、当事者）、家族、他職種などへ説明するための根拠となるものです。アセスメントの結果や対応方法、相手の反応など、実践過程における要点を余さず記載しなければ、実践を振り返ったり、検証したりすることすらできなくなってしまいます。

※記録のデータ化・分析については、第4章-2「生活支援記録法 活用の展望」183ページ参照。

利用者の生活・人生の証

　当事者や家族の言葉、思い、様子が記載されている記録は、彼らの生活や人生の証でもあります。

　近年、アドバンス・ケア・プランニング（以下、ACP）が注目を集めています。ACPとは、当事者が現在抱える疾患の治療だけではなく、意思決定能力が低下した場合に備えて事前に終末期を含めた今後の医療や介護について話し合うことや、意思決定が難しくなった場合に本人の代わりに意思を推定するプロセスをいいます。

　これまでの経過や終末期に向けた意思などが記された対人支援専門職の記録は、その手がかりとして重要な役割を果たします。

データとしての活用

　本来、経過記録の内容はデータとして、支援内容の検討や業務の分析などに活用すべきものです。しかし、従来の記録は、データとして扱うのに必要な整理がされておらず、十分な活用には至っていません。

　生活支援記録法はその点を意識して開発された記録法です。

2. 記録の目的

　従来、3つの大目的と、9つの小目的があるとされています（図表2）。誰が見ても簡単に内容を理解できることが大切なのは、情報共有だけではなく、組織運営や教育など、さまざまな場面で活用されることが前提となっているからです。

　なお、生活支援記録法では、さらに地域や自治体レベルでの活用を目的としています（第4章参照）。

図表2　**記録の目的**

大目的	小目的
（1）利用者の生活の質の向上	①利用者支援
	②権利擁護
	③利用者との情報共有
（2）支援者の専門性向上	④説明責任（実践内容の証明）
	⑤教育訓練
	⑥調査研究（データの利活用）
（3）機関の機能向上	⑦継続的な支援
	⑧関係職種・関係機関との情報共有・連携
	⑨運営管理

3. 記録様式・形式の種類

　対人支援専門職の記録には、実践過程ごとにいくつかの種類があります（図表3）。様式の名称は、分野や領域によって異なりますが、実践過程ごとにどのようなことを記録するかは概ね共通しています。

　また形式には、大きく記述形式、表形式、図形式の3種類があります。

　記述形式は、プロセスシートやモニタリングシート、クロージングシートなどのように自由記述で記載するものをいいます。手書記録であれば、レポート用紙のように罫線が引かれた体裁が多く、電子記録※では入力欄が用意されているものが多いでしょう。本書で紹介するF-SOAIPは、記述形式の記録法です。

　表形式とは、チェックリストや短文、数値で記述することができる記録をいいます。主として、フェイスシートやアセスメントシート、プランニングシート、モニタリングシート、エヴァリュエーションシートなどで用いられます。

　図形式とは、ジェノグラムやエコマップなどのマッピング技法や、グラフを用いて描くものを指します。

図表3　対人支援専門職の実践過程と記録様式

実践過程		記録様式	主な形式
開始段階	情報収集	①フェイスシート（基本情報用紙）	表・図
	アセスメント	②アセスメントシート（事前評価用紙）	表・図
	プランニング	③プランニングシート（援助計画用紙）	表
実施段階	実施	④プロセスシート（経過記録用紙）	記述
	モニタリング	⑤モニタリングシート（中間評価用紙）	記述・表・図
終結段階	エヴァリュエーション	⑥エヴァリュエーションシート（事後評価用紙）	表
	終結	⑦クロージングシート（終結時要約用紙）	記述

※電子記録…記録ソフトや記録システムなどによって、ICT化した記録のこと。

2 2つの記述形式の記録—叙述形式と項目形式

記述形式の記録は、叙述形式と項目形式に区別できます。

1. 叙述形式の記録

叙述形式の記録は、場面を順序立てたり、要約したりするなど、記録者が自由に書ける点で優れています。たとえば、次の例は、特別養護老人ホームで勤務する介護職がある食事場面について、叙述形式で書いたものです。

例　叙述形式の記録

> 夕食時、手が止まっていたので、「嫌いなおかずでしたか」と尋ねるも、「そんなことはない」とのこと。体調を確認したが、「大丈夫」と首を横に振られたので、しばらく様子を観察することとした。顔色はよく、痛みの訴えはない。

叙述形式の記録の問題点
◆冗長な記録になりやすい

叙述形式の記録では、場面を淡々と書き連ねます。そのため、接続詞を多用したり、「とのこと」などの伝聞調を用いることが多くなりがちです。

長文になるほど、書き手にとっては情報の不足を見落としやすくなります。また読み手にとっても、ポイントがどこにあるかが読み取りづらくなります。

◆アセスメントや計画に関する記述が不足しがち

忠実に事実のみを書こうとすると、当事者の言動ばかりに気をとられやすくなります。その結果、なぜそのような支援を行ったのか（アセスメント）、今後どのように対応していくのか（計画）といった共有すべき情報が欠落しがちです。

また、よく「記録者の主観は書かない」といわれますが、アセスメントは「主観」ではなく、支援の根拠です。その記述を省略してしまうと、支援の経緯がみえない記録となってしまいます。

◆記録の内容が記録者に左右される

叙述形式の記録は、記録者の文章力に左右されます。そのため、見出しを立てたり、番号を振ったりといった読みやすくなる工夫を行っている方も少なくありません。

しかし、一見して読みやすいように感じる工夫であっても、ルールが統一されていなければ、記録者の意図を汲み取れず、かえって誤解を招くことがあります。

2. 項目形式の記録

　記載する情報を項目ごとに整理し、比較的短い文章で端的に表せる記録が項目形式です。福祉分野ではなじみが薄いかもしれませんが、医療分野では SOAP や F-DAR などが開発され、普及も進んでいます。SOAP や F-DAR では、文章の冒頭に、そこに書かれている内容を示すアルファベットの項目を振り、記述内容を整理します。

項目形式の記録①　SOAP

　医療分野では、患者の健康上の問題を明確にとらえ、その問題解決を論理的に進めるために、問題指向型システム（POS：Problem Oriented System）が定着しています。そこで使われている経過記録の書き方が、SOAP です。

　SOAP では、頭痛や褥そうなどの健康上の問題に番号（#1、#2・・・）を振り、その問題ごとに、4 つの項目（S、O、A、P）を用いて記載します（図表 4）。

図表 4　**SOAP で用いる 4 項目**

S	Subjective Data	主観的情報（主訴など、患者・家族の訴え）
O	Objective Data	客観的情報（観察から得られた情報、バイタルサイン、検査所見など）
A	Assessment	S や O のデータに基づくアセスメントの結果
P	Plan	看護問題解決のための対応計画

◆叙述形式と SOAP の比較

　一過性脳虚血発作（TIA）に伴う転倒の不安を抱える患者の記録を例に、叙述形式と SOAP を比較してみましょう。見比べてみると、SOAP は項目ごとに情報を整理して記載するため、知りたい情報を一目で把握できることがわかります。

例　**叙述形式の記録**

> 3 月 24 日、10 時。「転倒したとき、誰が世話をしてくれるか心配だ」と転倒への不安を話される。サイドレールにつかまり、過呼吸の状態にあり、不安を募らせている。病気の不安について話し合う必要がある。

例　**SOAP を用いた記録**

日時	SOAP
3 月 24 日 10：00	#1　TIA に伴う転倒への不安 S　転倒したとき、誰が世話をしてくれるか心配だ。 O　患者はサイドレールにつかまり、過呼吸の状態にある。 A　患者は不安を募らせている。 P　病気の不安について患者と話し合う。不安軽減のための対応を検討する。

項目形式の記録② F-DAR

F-DARとは、フォーカスチャーティングという経過記録の方法で、図表5の4項目を用いて記載します。何に焦点を当てた場面であるかを示す項目Fを独立した欄に記載するため、ポイントがわかりやすいという特徴があります。

図表5 **F-DARで用いる4項目**

F	Focus	フォーカス（患者のさまざまな出来事）
D	Data	フォーカスを支持するさまざまなデータ
A	Action	フォーカスに関連して行われたケア
R	Response	アクションに対する患者の反応

◆叙述形式とF-DARの比較

呼吸困難を訴える患者の記録を例に、叙述形式とF-DARを比較してみましょう。

例をみてもわかるように、焦点（項目F）や行った看護行為（項目A）を端的に示せる点でこの記録法は優れています。

例 **叙述形式の記録**

> 11月3日、19時45分。顔面は紅潮気味で、体温は37.0℃。患者から呼吸困難と疲労感の訴えあり。経鼻カニューレでO$_2$吸入（2ℓ/min）を行い、正しい呼吸法を指導したところ、呼吸が安定した。

例 **F-DARを用いた記録**

日時	F	DAR
11月3日 19：45	呼吸困難	**D** 呼吸困難と疲労感を訴える。顔面は紅潮気味。体温：37.0℃ **A** 経鼻カニューレでO$_2$吸入を行う（2ℓ/min）。正しい呼吸法を指導した。 **R** 呼吸が安定した。

3. 福祉分野における項目形式の記録：従来の活用例

福祉分野（介護、保育、ケアマネジメント、ソーシャルワークなど）の経過記録には、ふさわしい項目形式の記録法がありませんでした。そのため、叙述形式が主流だったのですが、一部にSOAPやF-DARを活用しようという試みもみられます。

しかし、もともと医療分野向けに開発されたこれらの記録法を福祉分野の経過記録に用いるには、いくつかの難点があります。

SOAP の活用

　SOAP では、当事者の健康上の問題ごとに記録します。しかし、福祉分野では、問題点だけではなく、残存能力の活用など、ストレングス（強み）に着目することも重視します。SOAP の項目に従うと、記録すべき当事者の情報が漏れてしまいかねません。

　また SOAP には、実施した内容を記載する項目がありません。看護記録の場合、実施した看護行為を別の一覧表に記載しますが、福祉分野で SOAP を活用しようとすれば、実施した行為（介護、保育、ケアマネジメント、相談援助、生活支援など）を項目 O、A、P のいずれかに盛り込まざるを得ません。特に項目 P に記載すると、実施した内容か、今後の計画かの区別がつかなくなることが多くあります。

　たとえば、次の記録は、福祉サービス利用援助事業における場面を、叙述形式と、SOAP で記録したものです。SOAP を用いた例は一見整理されて見えますが、項目 P に実施した内容と今後の計画が混在していることがわかります。

例　叙述形式の記録

> サービス申請の署名を勧めると、「字が下手だから、あんまり書きたくない」と話していた。座卓に使い込まれた筆ペンがあったので、「筆ペンなら署名をしてもらえるのではないか」と考え、「いつも使っていらっしゃる筆ペンで書いてみてもらえますか？」と勧めたところ、渋々ながら、「これでいいかね」と、署名に応じてもらえた。今後もストレングスに着目した支援を心がける。

例　SOAP を用いた記録

S	・サービス申請のための署名を勧めると、「字が下手だから、あんまり書きたくない」と話していた。
	・筆ペンでの署名を勧めたところ、渋々ながら、「これでいいかね」と、署名に応じてもらえた。
O	座卓に使い込まれた筆ペンがあった。
A	筆ペンなら署名をしてもらえるのではないか。
P	「いつも使っていらっしゃる筆ペンで書いてみてもらえますか？」と勧めた。
	・今後もストレングスに着目した支援を心がける。

福祉分野における SOAP 活用の難点

> ①問題ごとに記録するため、ストレングスを記録できない
> ②実施した内容を記載する項目がない

F-DAR の活用

　F-DAR を用いる場合、主観的情報（当事者の言葉など）と客観的情報（観察によって得られた情報や他職種からの情報など）を区別して記述することができません。またそれらをもとにどのように判断したか（アセスメント）を記す項目もないため、福祉分野で大切な情報が大きく欠けた記録となってしまいます。

　次の例は、介護老人保健施設における食事介助の場面を記録したものです。F-DAR の例をみると、項目 D に客観的情報は記載されていますが、当事者がどのような言葉を発したのかという主観的情報は読み取れません。

例　叙述形式の記録

> 食事介助をしようとすると、介助の手を払いのけようとし、ほかのおかずを自分でつかもうとするため、「これを召し上がりたいんですね」と聞くと、うなずかれた。そのおかずを口元に持っていくと、「おいしい」と言われた。

例　F-DAR を用いた記録

F	DAR	
食事介助拒否	D	食事介助をしようとすると、介助の手を払いのけようとし、ほかのおかずを自分でつかもうとする。
	A	「これを召し上がりたいんですね」と聞くと、うなずいたので、そのおかずを口元に持っていく。
	R	「おいしい」と言われた。

福祉分野における F-DAR 活用の難点

> ①主観的情報と客観的情報を区別して記録できない
> ②支援者の判断（アセスメント）を記録できない

4. 新たな項目形式の記録法：生活支援記録法とは

　SOAP や F-DAR に代表される従来の項目形式が、福祉分野になじまないことは、先述のとおりです。そのため、福祉分野で必要な項目を整理し、福祉分野向けの新たな項目形式が必要です。

　そこで、開発されたのが生活支援記録法（以下、F-SOAIP）です。F-SOAIP では、図表 6 のように 6 つの項目を用いて記述します。

図表 6　F-SOAIP で用いる 6 項目

F	Focus：焦点	ニーズ、気づきなど ※その場面を簡潔に示す
S	Subjective Data：主観的情報	利用者（キーパーソンを含む）の言葉 ※キーパーソンの場合、S（関係または続柄）と表記
O	Objective Data：客観的情報	観察や他職種から得られた情報
A	Assessment：アセスメント	支援者（記録者本人）の判断・解釈
I	Intervention/Implementation ：介入・実施	支援者（記録者本人）の対応 ※支援、声かけ、連絡調整、介護等
P	Plan：計画	当面の対応予定

　外出介助時の場面を例に、叙述形式と F-SOAIP を比較してみましょう。

例　叙述形式の記録

> 散歩に誘うと、「散歩は好きだけど、歩いていると膝に痛みがある」との訴え。膝の痛みは 1 週間前から続いており、杖を利用しているが、時折、膝折れがあることから、散歩の様子を見守りつつ、整形外科受診を勧めた。今後も膝痛に関する情報を共有していく必要がある。

例　F-SOAIP を用いた記録

> F　散歩時の膝痛
> S　散歩は好きだけど、歩いていると膝に痛みがある。
> O　杖を利用しているが、時折、膝折れがあり、膝の痛みは 1 週間前から続いている。
> A　膝痛の不安に対応しつつ、楽しみにしている散歩を継続する必要がある。
> I　散歩の様子を見守りつつ、整形外科受診を勧める。
> P　膝痛があっても、散歩を継続できるよう情報を共有していく。

　それぞれの項目について、詳しく見ていきましょう。

①項目 F（Focus：焦点）

　項目 F は、生活モデルの多様な実践場面のうち、その記録がどのような場面を表すのか、当事者のニーズや気づきなど、記録者がやりとりのなかで着目した点を記載

する項目です。簡潔に一言で示すようにしましょう。

項目Fは、いわば場面のタイトルであり、項目S（Subjective Data：主観的情報）以降の内容を読まなくても、書かれている場面を把握できることが大切です。この例であれば、「散歩」「外出介助」などの抽象的な表現は避け、「散歩時にどのようなこと（訴えなども含む）があったのか」「外出介助をした結果、どうだったのか」など具体的な様子をつかめる表現を用いましょう。

項目Fの表現としては、たとえば、次のようなものが考えられます。

実践場面をとらえた表現例

> 実践場面全体を簡潔に示します。
> **F** 散歩時の膝痛

項目P（Plan: 計画）につながる表現例

> 実践内容とともに、今後どのように対応していくかを示します。
> **F** 散歩の継続に向けた情報共有の提案

当事者のニーズや記録者の気づきなどを示す表現例

> 実践場面のなかでも特に当事者のニーズや思い、強みなどに着目して場面を示します。
> **F** 散歩希望への対応

項目Fの書き方にはコツがあります。それは、あらかじめ仮の項目Fを想定して書き進め、最後に改めて記録全体を見て決めることです。

実践場面では、多くの話題について、さまざまな情報が行き交います。事前に項目Fを想定しておけば、それに基づいて項目S、O、A、I、Pでどのような情報を整理すればよいかがわかるため、記録を書きやすくなります。

②項目S（Subjective Data：主観的情報）

項目Sは、当事者やキーパーソン（家族など本人と深くかかわる重要な人）の言葉など、主観的情報を記載する項目です。当事者以外の言葉は、「S（続柄または関係）」と表記します。

叙述形式では、当事者の発言を「とのこと」と伝聞調で表記することが多く、主語も省略されがちです。また記録者が当事者の発言を解釈し、言い回しを調整する場合もあり、当事者の言葉をそのまま残せるとは限りません。

F-SOAIPでは、項目Sに当事者やキーパーソンの発言を書くことがルール化されているので、発言者が明確になります。また言葉をそのまま残すことができるため、「とのこと」と表現したり、記録者の解釈に左右されたりすることもありません。

さらに実践過程においても、当事者やキーパーソンの言葉を書き残そうと、いっそう当事者やキーパーソンの言葉に耳を傾けるようになります。

項目 S（Subjective Data：主観的情報）の表現例

> **S** 歩いていると膝に痛みがある。
> **S（長男）** 膝痛に伴う運動量の減少が心配だ。

③項目 O（Objective Data：客観的情報）

項目 O は、観察から得た情報や他職種から得た情報（他職種による対応等も含む）などを記載する項目です。

たとえば、項目 O には次のような内容を記録します。

①当事者の様子（表情、態度など）

②人間関係（家族関係など）

③バイタルサイン（血圧、脈拍、体温、呼吸数など）

④ ADL（起居動作、歩行、食事、更衣、排泄、入浴など）

⑤生活環境に関する情報（温度や湿度、室内の様子など）

⑥他職種から得た情報（連絡帳などの文書、申し送りなど） など

項目 O（Objective Data：客観的情報）の表現例

> **O** 体温 37.4 度、脈拍 90、血圧 120/68。
> **O** 杖を利用しているが、時折、膝折れがあり、膝の痛みは 1 週間前から続いている。
> **O（医療職）** 定期受診での検査の結果、血圧が高い。

④項目 A（Assessment：アセスメント）

項目 A※は、支援者の気づきや判断、解釈を記載する項目です。対人支援専門職は、当事者や家族の言動（項目 S：主観的情報）、観察・他職種から得た情報（項目 O：客観的情報）等をもとに、判断のうえ、実践を行います。この判断こそが実践の根拠であり、漏れなく記載することが求められます。

項目 A（Assessment：アセスメント）の表現例

> **A** 膝痛の不安に対応しつつ、楽しみにしている散歩を継続する必要がある。
> **A** 膝の痛みは 1 週間前から続いているため、医療機関で検査してもらう必要がある。

⑤項目 I（Intervention/Implementation：介入・実施）

項目 I※は、支援者（記録者本人）の対応を記載する項目です。対応には、介助内容はもちろん、声かけの内容なども含まれます。

対人支援の実践過程においては、支援者の対応に対して、利用者が何らかの反応を示すことも少なくありません。項目 I に続いて、当事者の変化（項目 S や項目 O）を

記載することで、より実践過程をイメージしやすくなります。

> **I** 膝の痛みが心配です。一度、整形外科を受診してみてはいかがですか。
> **(S** ありがとう。明日にでも受診してみようかな。)
>
> **I** 膝痛緩和のためのリハビリを理学療法士と検討しますね。
> **(O** 不安げな表情を浮かべていたが、提案を聞いて笑みがこぼれる。)

⑥項目 P（Plan：計画）

　項目 P[※]は、当面の対応予定（計画）を記載する項目です。

　対人支援専門職による実践は、継続的に行われるものです。その場でできなかったことを次回の予定として残しておくことで、一貫した支援を行うことができます。

項目 P（Plan：計画）の表現例

> **P** 膝痛に関する情報を共有していく。
> **P** 痛みの状態を観察のうえ、医療職と対応を相談する。

項目の判断に迷うときの書き方

　叙述形式では、「緊張した様子で『大丈夫』と頷いた」などと記載することがあります。この一文のうち、「大丈夫」という利用者の言葉は項目 S に、「緊張した様子」という観察から得られた情報は項目 O に相当します。このように一文のなかに異なる項目に相当する内容が含まれる場合には、次のように 2 つの項目を組み合わせて記載することもできます。

複数の項目に相当する場合の表現例

> **S／O** 緊張した様子で「大丈夫」と頷いた。

　ただし、複数の項目を組み合わせる方法は、電子記録（項目ごとに入力欄がある場合）では難しくなります。①項目 S と項目 O に振り分ける、②主たる内容が相当する項目に記載する（例の場合は、発言に付随する動作のため項目 S）のどちらかに慣れておくのが望ましいです。

※項目 A、I、P はサービス担当者会議など、IPW（多職種協働実践）の場面では、書き方が異なります。詳しくは、第 3 章「サービス担当者会議」（160 ページ）をご参照下さい。

5. 生活支援記録法と SOAP・F-DAR の違い
SOAP との違い
項目 F（焦点）、I（介入・実施）が追加されていることです。

まず項目 F（焦点）が追加されたことで、どのような場面であるのかを簡潔に示すことができるようになりました。

また項目 I（介入・実施）が加わったことで、"情報を得る→支援者の判断→実践"という対人支援の実践過程をそのまま示すことができます。

具体的な経過ややりとりを簡単に把握できる F-SOAIP は、記録の意義の一つである「実践の証明」を体現しているといえるでしょう。

F-DAR との違い
F-DAR では項目 A が「Action（活動）」の意味で用いられていたのに対し、F-SOAIP では「Assessment（アセスメント）」の意味で用いられています。また F-DAR の項目 A（Action：活動）に相当する項目は、項目 I（Intervention/ Implementation：介入・実施）です。

項目 D（Data：情報）や R（Response：反応）についても、項目 S（Subjective Data：主観的情報）と項目 O（Objective Data：客観的情報）に区分されており、より詳細に情報を記載することができます。

生活支援記録法と SOAP・F-DAR の比較
F-SOAIP は、SOAP や F-DAR を統合した項目となっており、不足していた項目を補っていることがわかります（図表 7）。そのため、SOAP や F-DAR を用いている場合であっても、F-SOAIP を併用したり、移行したりすることが容易にできるでしょう。

また 6 つの項目で記載する F-SOAIP は、4 項目で記載する SOAP や F-DAR よりも項目数が多いため、「4 項目ですら難しかったのに、6 項目を記載するのはより難しいのではないか」と感じる方もいるかもしれません。

しかし、SOAP や F-DAR の記載が難しかった最大の理由は、対人支援専門職の実践過程を記録するために必要な項目が不足していたことによるものです。先述のとおり、SOAP には実践内容を示す項目がありません。また F-DAR には主観的情報と客観的情報の区別がなく、アセスメントの項目も不足しています。これらの項目がないことにより、記録者は実践過程に必要な内容がどの項目により近いかを考えたり、書かないといった判断をせざるを得ませんでした。

一方、F-SOAIP には、対人支援専門職の実践過程を記録するための必要最小限の項目がすべて揃っています。そのため、判断に迷うことなく書くことができるのです。

図表7　3種の項目形式の記録の比較

経過記録法 （項目）	生活支援記録法 （F-SOAIP）	問題指向型記録 （SOAP）	フォーカスチャーティング （F-DAR）
焦点	F（問題点にとらわれない）	#（問題ごとに記録する）	F（問題点にとらわれない）
データ	S（Subjective Data）と O（Objective Data）を区別して記録	S（Subjective Data）と O（Objective Data）を区別して記録	D（Data）を用い、主観的データと客観的データを区別せず記録
アセスメント	A（Assessment）	A（Assessment）	明確な規程はない
介入・実施	I（Intervention/Implementation）	明確な規程はない	A（Action）
計画	P（Plan）	P（Plan）	なし
結果	S または O に記録	明確な規程はない	R（Response）

2 生活支援記録法の定義を整理しよう

1 生活支援記録法の定義とは

F-SOAIP は、次のように定義されています。

図表 8 生活支援記録法の定義（Ver.4、2019 年 11 月現在）

❶ 多職種協働によるミクロ・メゾ・マクロレベルの実践過程において、
❷ 生活モデルの観点から、
❸ 当事者ニーズや観察、支援の根拠、働きかけと当事者の反応等を、
❹ F-SOAIP の項目で可視化し、
❺ PDCA サイクルに多面的効果を生む
❻ リフレクティブな経過記録の方法である。

出典：嶌末憲子・小嶋章吾他、【ケアの見える化】生活支援記録法の導入／情報共有、『介護人財』2019 年 1 月号を修正

1. ミクロ・メゾ・マクロレベルの実践過程

　介護や保育、ケアマネジメント、ソーシャルワークをはじめとする福祉分野における対人支援の実践は、ミクロレベル、メゾレベル、マクロレベルという 3 つのレベルの実践で成り立っています（図表 9）。

ミクロレベルの実践

　対人支援専門職が当事者、家族と個別支援のために、あるいはグループと直接やりとりをすることをいいます。たとえば、介護職であれば、日々の食事や入浴などの介助、日常のやりとりなどがこれに当たります。

メゾレベルの実践

　専門職同士がチーム内、事業所内、法人内で対応をすることをいいます。同じ特別養護老人ホームに所属している多職種が協働して対応方法を検討するといったことが例として挙げられます。

マクロレベルの実践

　専門職や専門機関が、地域社会において多職種、多機関とやりとりをすることをいいます。地域包括ケアシステムの構築が進むなか、地域のさまざまな関係機関による会議や研修を行う機会も増えています。F-SOAIPによって標準化された記録からは、ほかの職員がもつアセスメントやコミュニケーションなどのスキルを読み取ることができます。これまでは個々の職員が蓄積するだけに留まっていた対人支援のスキルがほかの職員や事業所・法人全体、そして地域へと広がっていくことで、支援の質の向上につながっていくのです。

　対人支援専門職の実践における経過記録の活用は、当事者、家族とのやりとり、つまりミクロレベルの実践に目が向きがちです。しかし、地域包括ケアシステムにおいても個別課題を地域課題に結びつけることが重視されているように、F-SOAIPを用いたミクロレベルの経過記録をメゾ・マクロレベルの実践に役立てることもできます。

図表9　ミクロ・メゾ・マクロレベルの関係

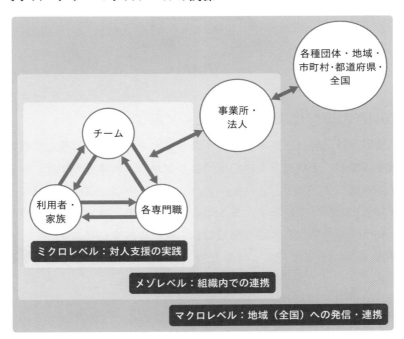

2. 生活モデルの観点

　ICF（国際生活機能分類）は、人と環境との相互作用を重視した生活モデルの大切さを示し、特定の問題点のみにとらわれない見方が必要だと示しました（図表10）。
　こうした見方は当事者やその家族の生活支援を行う福祉職はもちろん、患者やその

家族にも目を向ける意味で、医療職にも必要です。

　F-SOAIP の定義❷は、あらゆる対人支援専門職が当事者の生活モデルに基づいた記録を書くことができることを示しています。

　とりわけ、環境因子である各専門職のはたらきかけを項目 I として示すことにより、利用者の様子や状態など（項目 S や O）に変化が現れることを明示できます。また一見問題がないような些細な変化への気づきを項目 F（焦点）として取り上げることで、支援を見直し、QOL の向上に役立てることができます。

図表 10　**生活モデルに基づく ICF**

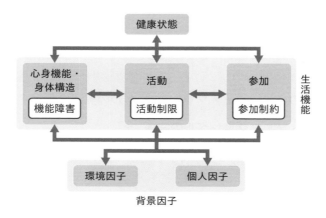

3．F-SOAIP の項目による当事者ニーズ等の可視化

　対人支援の実践過程は、当事者ニーズに基づき、観察や他職種との連携などを通じて情報を収集し、それらを支援の根拠としながら、当事者や家族に対する働きかけ（介護、保育、ケアマネジメント、ソーシャルワーク、看護、リハビリテーション、治療など）を行っています。また働きかけの結果、得られた当事者や家族の反応は次の支援へとつながる大切な情報として蓄積されていきます。

　F-SOAIP を用いることで、こうした対人支援の実践過程を可視化することができます。

4．PDCA サイクルとリフレクション

　対人支援の実践過程は、当事者ニーズをもとにしたアセスメントから始まります。アセスメントというと、初めて当事者や家族とかかわる場面を想像してしまいがちですが、実際には、支援のたびにその時々の当事者の様子や状態をアセスメントすることとなります。F-SOAIP では、このアセスメントの結果に基づき、どのような働きかけを行い、どのような反応が得られたのかを記録することができます。

　このような記録を残すことは、リフレクション（振り返り）を行ったり、PDCA

サイクル（P：計画、D：実行、C：評価、A：改善）を回していくうえで非常に有効です（図表 11、12）。たとえば、6 項目を意識して実践に臨み、記録を書く際に実践場面を振り返ることで、次の実践に活きるヒントを見つけることができるでしょう。また他者の記録を読むことで、自分にはなかった新たな視点を学ぶこともできます。

　実践を可視化する F-SOAIP は、対人支援専門職としての成長にもつながるのです。

図表 11　対人支援の実践と PDCA サイクル

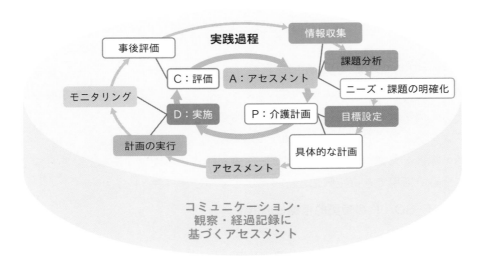

図表 12　F-SOAIP とリフレクション

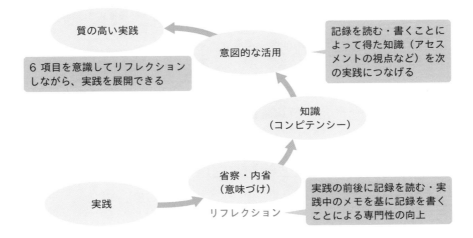

2 生活支援記録法の汎用性

　F-SOAIP は、ICF（国際機能分類）や IPW（多職種協働実践）、リフレクション（実践の振り返り）、PDCA サイクル、生活場面面接を理論的根拠としています。

　たとえば、ICF が重視している人と環境の相互作用との関係性は、18 ページで解説したとおりです。また F-SOAIP がもつ、当事者・支援者の二者関係だけではなく、多職種・多機関による支援も記録できるという特徴は、IPW の理論を根拠としています。

　加えて、F-SOAIP は、筆者が開発した「生活場面面接ワークシート」を基盤としています。対人支援専門職の意図的なコミュニケーションによって、当事者や家族の思いを引き出す経過を記録に残すことができます。

　リフレクションや PDCA サイクルとの関係は前頁のとおりです。

　高齢・障害・児童・生活困窮・保健・医療・教育・心理・司法など、あらゆる対人支援の分野で活用できる記録法となっています（図表 13、14）。

図表 13　F-SOAIP の理論的根拠と汎用性

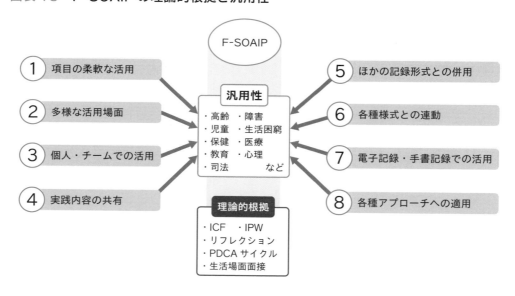

図表14　F-SOAIP の汎用性

汎用性	内容
①項目の柔軟な活用	必ずしもすべての項目を記載する必要はなく、項目F（焦点）を除き、繰り返し使用することもできる
②多様な活用場面	対人支援のあらゆる場面で活用できる ・ヒヤリハット報告書 ・苦情対応報告書 ・家族調整 ・サービス担当者会議 ・プロジェクトのモニタリング　など
③個人・チームでの活用	少人数からでも活用できる
④実践内容の共有	チーム等での情報共有や地域の多機関との連携につながる ・事例検討 ・OJT ・キャリアパス ・介護保険事業計画の策定　など
⑤ほかの記録形式との併用	以下のような記録形式と併用できる ・叙述形式 ・SOAP ・F-DAR
⑥各種様式との連動	以下のような様式と連動できる ・アセスメントツール ・ケアプラン ・課題整理統括表 ・介護データベース「CHASE」　など
⑦電子記録・手書記録での活用	電子記録・手書記録の両方で活用できる
⑧各種アプローチへの適用	以下のようなアプローチで活用できる ・ACP（アドバンス・ケア・プランニング） ・回想法 ・ユマニチュード　など

3 生活支援記録法で 「読む」から「見る」記録へ

1 実践過程を忠実に記録する逐語記録

1. 当事者とのやりとりを忠実に記録する

　記録の原点ともいうべき逐語記録を見てみましょう。逐語記録は、当事者とのやりとりを録音して文字に起こし、会話の内容を忠実に記載したものです。沈黙の時間や表情、態度など、音声にはない非言語的コミュニケーションについても付記することができます。

　次の例は、児童養護施設における逐語記録です。

逐語記録の例①

> **母**：お世話になっています（やや疲労感がうかがえる）。
> **ソーシャルワーカー**：こんにちは。わざわざ来ていただいてお疲れではありませんか？　お電話でお聞きしましたが、息子さんの引き取りについてのご相談でしたね。
> **母**：ええ…。（不安そうな様子で）あまり自信がないのですが…（短い沈黙）。最近、一緒に暮らしたいと思うようになってきまして…。
> **ソーシャルワーカー**：そうですか。これから乗り越えなければならない課題もあるでしょうが、一つひとつ取り組んでいきませんか。

　会話中心に記録されているため、どのようなはたらきかけをし、それに対してどのような反応が得られたかがわかりやすいです。

　しかし、ソーシャルワーカーの思考に関する情報が抜け落ちているため、はたらきかけの根拠を読み取ることができません。

2. 逐語記録に思考を追記する

　では、この例について、対応のなかで記録者が考えたことなどを、【　】で付記するとどうなるでしょうか。

逐語記録の例②（アセスメントを追記）

> 母：お世話になっています（やや疲労感がうかがえる）。
>
> ソーシャルワーカー：【来所を労い、事前に電話で聞いていた主訴を確認する】
>
> こんにちは。わざわざ来ていただいてお疲れではありませんか？　お電話でお聞きしましたが、息子さんの引き取りについてのご相談でしたね。
>
> 母：ええ…。（不安そうな様子で）あまり自信がないのですが…（短い沈黙）。最近、一緒に暮らしたいと思うようになってきまして…。
>
> ソーシャルワーカー：【主訴は明確だが、沈黙もみられるので、クライエントからの発語を待つ】
>
> そうですか。これから乗り越えなければならない課題もあるでしょうが、一つひとつ取り組んでいきませんか。

例①と比べると、なぜ記録者がそのような声かけをしたか、またどのようなやりとりだったかをイメージしやすくなったと思います。

3. 経過記録に思考の記録を必要とする理由

　対人支援専門職の実践には、見える部分（言動など）と、見えない部分（思考など）があります。例②を見てもわかるように、アセスメントを記録に残すと、なぜそのようにはたらきかけたかという、実践の根拠が見えてきます。

　そのため、書き手にとっては、書くことそのものが実践を振り返り、次の実践に活きる教訓を得ることにつながります。

　読み手にとっても、さまざまな効果があります。たとえば、同職種であれば実践過程の学習になりますし、他職種であればその職種がもつ専門性の理解につながるでしょう。

　また支援者の思考過程が見える記録は、当事者や家族からの開示請求への対応や、業務分析など、幅広い用途でも活用できます。

2 叙述形式の経過記録

1. 経過記録の主流を占める叙述形式

　記録様式のなかでも、フェイスシートやアセスメントシートなどは、さまざまな様式が提案され、記録の標準化が図られています。しかし、経過記録の主流は、長らく叙述形式（自由記述形式）でした。

　手書記録であれば、レポート用紙のように横罫線が引いてある様式が多いでしょう。また近年普及が進んでいる電子記録であれば、自由記述用のボックスが設けられているのが一般的です。いずれの場合も、日記のように散文調で書いたり、小見出しをつけたりと、記録者が書きやすい形で書ける点、実践の経過を順を追って示すことができる点で叙述形式は優れています。

2. 叙述形式の経過記録の問題点

　経過記録は、記録者本人だけが目を通すものではありません。当事者や家族への開示やチームでの情報共有など、多くの場面で活用されるべきものです。しかし、自由記述では、文章力など個人の能力に大きく左右されてしまいますし、書き方がばらばらでは、解釈に齟齬が生まれたり、読み取れる情報に差が生まれたりする原因にもなり得ます。特に問題なのは、アセスメントが漏れがちだということです。

　次の例は、妻の入院費について苦情を訴える夫に対して、介護支援専門員（ケアマネジャー）が理解を促した場面を、叙述形式で記録したものです。入院代が倍近くかかった原因は明示されているものの、それをもとにケアマネジャーがどのように考えて（アセスメント）、説明するに至ったかが書かれていないことがわかります。

叙述形式の例

> 　夫より、「今回の妻の入院は、前と同じくらいの入院期間だったのに、入院代が倍近くかかった。ケアマネさんからは事前に聞いていなかった。病院へは一応支払ったが、あらかじめ説明してくれてもよかったのでは？」との訴えあり。
> 　入院が2か月にまたがったためである。2か月目の入院日数が数日だったので、病院側が2か月分の請求をまとめたことが原因。
> 　そこで、「入院が2か月にまたがっていたせいですね。2か月目は1週間たらずだったのに医療費のご負担が倍になってしまったのは、ご負担になりましたね。医療保険のしくみなのでご理解くださいね」と説明した。

3 生活支援記録法で実践が見える記録を書く

1. 生活支援記録法と支援の実践過程

　逐語記録は教育・訓練で用いられることはあっても、実践で録音や録画をもとに書くことはまずありません。また、やりとりをそのまま記録した逐語記録にアセスメントを追記しても、全文を読まなければどのような情報が書かれているかを知ることはできないでしょう。

　叙述形式には、冗長な記録になりやすく、また誰が何を話したのか整理できず、表現力や読解力が求められるという難しさがあります。アセスメントや今後の対応が欠落しやすいという欠点もあります。

　そこで、有効なのが F-SOAIP です。F-SOAIP には、実践過程を漏れなく記録するために必要な項目がすべて揃っています。項目を意識して実践に臨み、記録に残すことで、誰もが「多職種の実践が見える記録」を書くことができるようになります。

　F-SOAIP と多職種の実践過程の関係は、図表 15 のとおりです。

図表 15　F-SOAIP とケアの実践過程

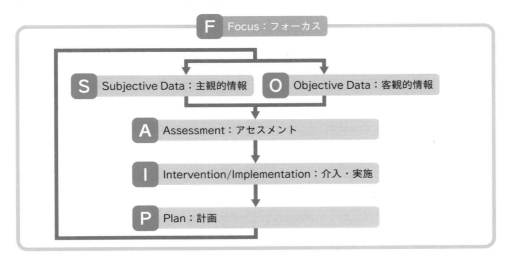

出典：菊地月香作成の図を一部改変。

2. 生活支援記録法で記録してみよう

「**逐語記録の例②**」（23 ページ）と、「**叙述形式の例**」（24 ページ）を F-SOAIP で記録するとどうなるでしょうか。

逐語記録の書き換え

> **F** 息子との同居への不安解消に向けた提案
> **S（母）** 自信はないが、（短い沈黙）息子と一緒に暮らしたいと思うようになってきた。
> **O** 疲れた表情を浮かべており、時折、ため息をつく。
> **A** 主訴は明確だが、沈黙もみられるので、クライエントからの発語を待つ。
> **I** 来所を労い、訴えを受容しながら、克服すべき課題を考えることを提案。
> **P** 次回面接までに課題を具体的に考えてきてもらうこととする。

叙述形式の書き換え

> **F** 妻の入院費用に関する不満への対応
> **S（夫）** 今回の妻の入院は、前と同じくらいの入院期間だったのに、入院代が倍近くかかった。ケアマネさんからは事前に聞いていなかった。病院へは一応支払ったが、あらかじめ説明してくれてもよかったのでは？
> **O** 入院が 2 か月にまたがったためである。2 か月目の入院日数が数日だったので、病院側が 2 か月分の請求をまとめたことが原因。
> **A** ・2 倍近くの請求額となっていたことから、夫が驚いたのはやむを得ないと思われる。
> 　・今回は夫と領収書を確認しながら説明し、納得してもらうことにする。
> **I** 入院が 2 か月にまたがっていたせいですね。2 か月目は 1 週間たらずだったのに医療費のご負担が倍になってしまったのは、ご負担になりましたね。医療保険のしくみなのでご理解くださいね。
> **S（夫）** 「今回のことはよくわかったよ。でも、そのときに説明してくれてもよかったのになあ…」と納得された。
> **A** 眉間にしわを寄せており、病院に対してやや不満は残っている様子。
> **P** 介護支援専門員より病院に対して丁寧な説明を要望しておくことにしたい。

※色文字は叙述形式の記録に加筆した内容

　いずれについても、項目 F（焦点）だけを読めば、要点を把握することができます。また項目 S（主観的情報）以下を読めば、記録者がどのように判断し、どう対応したかを窺い知ることができます。

　これまで記録は、全体を「読む」ものだと考えられてきました。しかし、F-SOAIP を用いることで、必要な箇所だけを「見る」記録へと変えていくことができるのです。既に F-SOAIP を導入している事業所からは、「記録されている場面を、映像のように思い浮かべることができる」といった声も挙がっています。

4 生活支援記録法を活用してみよう

1 チームケアの質を高めるために活用してみよう

F-SOAIP は、対人支援専門職と当事者や家族といった関係にとどまらず、チームケアの質向上にも有用です。

1. 従来の記録方法による情報共有

チームケアにおける情報共有は、会議や報告、記録によってなされます。なかでも、記録は正確な情報共有のためには欠かすことのできないツールです。

しかし、多職種で構成されるチームであっても、記録がどこまで情報共有ツールとして活用されているかはさまざまです。

たとえば、手書記録で職種ごとに異なる経過記録の様式が用いられていれば、他職種の記録に対して閲覧の制約がない場合であっても、情報共有ツールとしての機能は果たせていないことが多いでしょう。

また、電子記録で共用の記録システムを導入している場合、手書記録に比べて、他職種の記録の閲覧は容易でしょう。しかし、他職種による閲覧に制約を設けることも容易なため、手書記録よりも情報共有ツールとしての制約が小さいとは限りません。

さらに、チームで様式を共用している場合でも、職種ごとに様式のどこに何を記載するかの認識が異なると、閲覧の制約要因となります。

2. 情報共有ツールとしての F-SOAIP の活用

F-SOAIP は、SOAP や F-DAR とも項目上の共通点があり、対人支援専門職間で共用できる記録方法です。多職種で F-SOAIP を活用することによって、チームケアの質向上に資することができます。

具体的には、自職種にはない他職種の視点を知ることで、他職種理解に役立てたり、当事者や家族による記録の閲覧にも役立てることができるでしょう。

たとえば、チームケアの質向上に生活支援記録法が役立った例として、次のようなエピソードがあります。

ある施設では、手書記録ではあったものの、チームで経過記録を共用していました。

しかし、介護職は叙述形式で、医療職は項目形式の SOAP で記録していたため、他職種の記録にわかりにくさを感じ、閲覧することはほとんどなかったといいます。

しかし、F-SOAIP を導入してしばらく経った頃、ある介護職員が、リハビリテーション職員から「介護職はオムツ交換など介護だけをやっていると思っていましたが、元気のない利用者に介護職の声かけによって笑顔が見られるようになりました。すばらしい対応をしているんですね」と言われたというのです。そう言われた介護職は、自分が書いた記録を通じて他職種から自分たちが行っていること（専門性）への理解を得られたと同時に、評価してもらえたことで、やりがいを実感できたと話します。

2 事業所・地域ケアで活用してみよう

1. 事業所での活用

ベテラン職員の知見を共有する

F-SOAIP は、事業所の運営管理においても有用です。まずは、F-SOAIP が事業所の運営管理にとって有用であることを示す例を紹介しましょう。

ある事業所では、F-SOAIP 導入以前は叙述形式でしたが、読みづらかったこともあり、ほかの職員の記録を読もうとする職員はあまりいませんでした。しかし、導入後は新人職員がベテラン職員の記録を読む機会が格段に増えたといいます。

他者の記録に目を通すことは相互に学び合うことにつながります。主観的情報や客観的情報としてどのようなことをとらえているか、その情報に基づきどのようにアセスメントしているか、そしてどのように対応し、どのような計画を立てるかは、日々の実践を繰り返すだけでは、なかなか身につかないものです。しかし、経験豊富な職員ほど、こうした知見を多く持ち合わせていることも事実であり、それを学ぶ方法こそが他者の記録に目を通すことなのです。

もちろん、これは新人職員の教育のみに限った話ではありません。ベテラン職員同士であっても、新たな発見を得ることにつながるでしょう。

外国人介護士による活用

近年、介護現場では外国人介護士の採用が急増しています。採用後、最も課題となりやすいのが、日本語で経過記録を記述することが容易ではないことです。F-SOAIP は、叙述形式と異なり、実践課程の要点を整理して書くことができるので、外国人介護士にとっても書きやすく、好評を得ているという特別養護老人ホームもあります。

2．地域ケアでの活用

従来の記録方法と地域ケア

　F-SOAIP は、地域ケアにおいても有用です。地域ケアとは、一定の地域の関係機関が当事者や家族へケアを提供するために事業所の枠を超えて、つまり、多機関連携によるネットワークを通じてケアを提供することをいいます。

　従来、福祉分野（介護、保育、ケアマネジメント、ソーシャルワークなどを含む）における経過記録は、叙述形式しか選択肢がありませんでした。一部には医療専門職が用いる SOAP や F-DAR を用いることで、円滑な情報共有と連携の強化を図ろうとする動きもあります。

　しかし、もともと医療専門職向けに開発されたこれらの記録方法が必ずしも福祉専門職になじむものではないことは先述のとおりです。無理に導入した結果、実践結果をどの項目に記載すべきか迷うなど、新たな問題も生じています。

　こうした問題を解決することを目的に、既存の項目に加え、独自に新たな項目を設けるなどの工夫をしている事業所もあります。たしかにこうした工夫は、統一がとれていれば、法人や事業所内での情報共有には有用かもしれません。しかし、地域ケアのように事業所の枠を超えて、記録を共有する必要がある場合には、かえって情報共有を妨げることとなります。

F-SOAIP と地域ケア

　F-SOAIP には、多職種の実践を記録するために必要な項目がすべてそろっています。そのため、そのまま地域ケア会議など、多機関による情報共有・連携のために活用することができます。

　また、記録内容をデータとして活用可能なことも F-SOAIP の特徴の一つです。

　たとえば、ある当事者について、項目 S（主観的情報）を時系列順に抽出すると、訴えの変化を把握することができます。また項目 A（アセスメント）と項目 I（介入・実施）を抽出すれば、実践の根拠を明確にし、業務分析に役立てることも可能です。

　データとしての活用は、法人や事業所内のみには留まりません。地域の関係機関とデータを共有・活用することで、地域ケアの質を高めることにもつながります。

　ある地域では、診療所や訪問看護ステーション、訪問介護ステーション、居宅介護支援事業所など、地域ケアに携わる関係機関で F-SOAIP を導入し、リアルタイムの情報共有を行っています。その結果、ふだんの各機関と当事者や家族とのやりとりを随時共有でき、地域ケア会議では課題を効率的に検討することができるようになりました。

 **Column**

生活支援記録法のワークに取り組もう

1. 日常生活場面を F-SOAIP で書いてみよう【所要時間：3分】

　対人支援専門職の実践過程や思考過程は、私たちが日常生活のなかで自然に行っていることとも共通しています。

　次の例を参考に、日常生活場面を F-SOAIP で書いてみましょう。

例　ミスをしてしまったときの上司への対応

> F：上司の怒りへの対応
> S：ミスばかりだな。すぐに謝罪しなさい。
> O：大声で怒鳴っている。
> A：言うとおりにするしかない。
> I：すみません。おっしゃるとおりにします。
> P：落ち着いたら、ミスの原因を考え、報告する。

2. 実践場面を F-SOAIP で書いてみよう【所要時間：5分】

　図表 16 のように背景情報とともに、異なる訴え（項目 S）と表情（項目 O）を3パターン用意し、「項目 A」→「項目 I」→「期待する反応（項目 S・項目 O）」→「項目 P」→「項目 F」の順で簡単に記入します。グループで取り組むときは、取り組んだ感想を共有すると、F-SOAIP の特徴への理解を深めることができます。

図表 16　**実践場面における F-SOAIP**

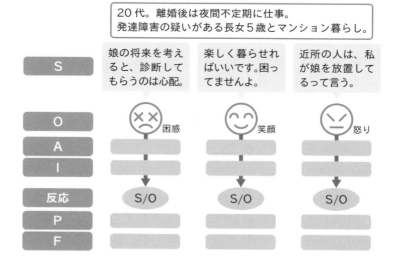

第2章

演習編
生活支援記録法 書き方トレーニング

F S O A P

1 6つの視点 F-SOAIP を探してみよう

1 項目S（主観的情報）を探してみよう

　次の事例は、障害者支援施設における記録例です。項目S（主観的情報）に当たると思う箇所を探してみましょう。

● **生活支援員による外出支援**

> みどりさんに、スーパーへ出かける時間になったことを伝えると、「お寿司が買えるか」と言う。外出先のイメージができているようだ。スーパーに着いて店内を見て回ると、衣類コーナーで足を止め、いくつかのカーディガンを手に取って見比べるので、どちらが好きか聞くと、首を横に振って「いらない」と話される。店内のカフェでジュースを飲み、スーパーを退出した。

ココが POINT

項目Sは、主観的情報を表す項目で、利用者や患者（以下、当事者）やキーパーソンの言葉を記載します。

解答

①お寿司が買えるか。
②いらない

解説

　「言う」「話す」という表現からみどりさんの発言だと読み取れるため、発見は容易でしょう。

2 項目 O（客観的情報）を探してみよう

　次の事例は、小規模多機能型居宅介護における記録例です。項目 O（客観的情報）に当たる箇所を探してみましょう。

●みさ子さんの短期入所手配

> 長女より電話があり、ベッドへの移動介助時、バランスを崩してベッド際に倒れ、起こすことができないとのこと。介護職員とともに自宅訪問したところ、打撲痕は見られず、痛みなどの訴えもないため、ベッドに移した。長女は今後もこのようなことがあると思うと不安だ、と泣き始めた。長女が落ち着いたところで、既に看護職員が長女にショートステイの利用を勧めていたとの記録があったので、改めて利用を勧めた。

ココがPOINT

　項目 O は、客観的情報を記載する項目で、観察から得られた情報や、他職種からの情報（記録などを通じて得た他職種による対応に関する情報も含む）を記載します。

解答

①打撲痕は見られず、痛みなどの訴えもない
②長女が落ち着いたところ
③看護職員が長女にショートステイの利用を勧めていたとの記録があった

解説

　①は、発言がないにもかかわらず、打撲痕や痛みの状態を把握していることがわかるため、観察によって得た情報であるとわかります。②は「落ち着いた」という長女の様子を観察によって読み取ったことが、③は「看護職員が」「記録があった」という文言から他職種から得た情報だとわかるため、いずれも項目 O に当たると判断することができます。

3 項目A（アセスメント）を探してみよう

　次の事例は、児童家庭支援センターにおける記録例です。項目A（アセスメント）に当たる箇所を探してみましょう。

● **相談支援員への育児不安に関する相談**

> 　まき子さんより「息子が自宅でちょろちょろと動いてじっとしていられないため、家事にも手がつかない。息子に手を上げそうになってしまうことがたびたびある」との訴え。「近所づきあいも、育児仲間もない」とのことで、一人で育児負担を抱え込んでいる様子である。そのためストレスが高じており、しばらく児を預かる必要があるのではないかと思われた。母親のストレスを軽減するため、週末のショートステイの利用を勧めた。

🖐️ **ココが POINT**

　項目Aは、アセスメントを記載する項目で、支援者による気づきや判断、解釈を記載します。

解答 ▶

> ①一人で育児負担を抱え込んでいる様子である。
> ②ストレスが高じており、しばらく児を預かる必要があるのではないかと思われた。

解説

　①は「様子」という表現から項目Oに当たると考えてしまうかもしれません。しかし、記録中に「育児負担を抱え込んでいる」とまき子さんが直接的な発言をしたという記載はないため、「育児仲間もない」などのまき子さんの言葉から支援者がそのように判断したことが読み取れます。そのため、項目Aに当たるといえます。
　②については、「思われた」という表現から支援者の解釈を表すことがわかるため、項目Aに当たるといえます。

4 項目Ⅰ（介入・実施）を探してみよう

次の事例は、社会福祉協議会のコミュニティソーシャルワーカー（CSW）の行動記録の例です。項目Ⅰ（介入・実施）に当たる箇所を探してみましょう。

● **地域住民を対象としたサロンへの参加**

> 軽い体操の後、食事を囲んで自由におしゃべりの時間を設けた。そのなかで、地域住民から、サロンの開催回数を増やしてほしい、食事はなくてもよいので、気楽に集まれる場がほしいという要望が出された。同席していた民生委員や福祉委員からも同調する発言があったため、CSW は「具体化のための検討が必要です。改めて協議する場を設けましょう」と提案した。

 ココが POINT

項目Ⅰは、支援者（記録者本人）やほかの専門職による対応を記載する項目です。

解答

> 具体化のための検討が必要です。改めて協議する場を設けましょう

解説

CSW による発言や対応を記載しているため、項目Ⅰに当たると判断できます。

ちなみに、民生委員や福祉委員といったほかの専門職による発言は項目Ｏとして記載します。本記録では、「民生委員や福祉委員からも同調する発言があった」が項目Ｏに相当します。

5 項目P（計画）を探してみよう

次の事例は、病院の医療ソーシャルワーカー（MSW）の記録例です。項目P（計画）に当たる箇所を探してみましょう。

●がんで入院した武男さんの妻からの相談

妻の来談。「がんで入院している夫の医療費が心配で…。年齢も年齢なので、もう楽にさせてあげたい」と溜息をつく。妻は予後について十分に理解しておらず、夫への思いが交錯しているようだ。妻には夫の療養を心理的に支えてもらいたい。後期高齢者医療制度と高額療養費制度について説明し、医療費負担について理解してもらうことができた。予後については改めて主治医から説明してもらうよう勧め、了解を得たので、面接終了後、主治医と病棟の看護師長に報告する。

 ココが
POINT

項目Pは、計画を記載する項目で、当面の対応予定を記載します。

解答 ▶

主治医と病棟の看護師長に報告する。

解説

直前までの表現をみてみると、「理解してもらうことができた」「了解を得た」など、既に行った対応であることがわかります。一方、「主治医と病棟の看護師長に報告する」は、現在実施している面接の「終了後」だとわかるため、当面の対応予定だと判断できます。

なお、叙述形式の記録とは異なり、生活支援記録法では項目ごとに書き分けるため、時制に留意する必要はありません。

6 項目F（焦点）を考えてみよう

次の事例は、介護老人保健施設の支援相談員による経過記録です。どのような項目F（焦点）を立てるべきか考えてみましょう。

●四郎さんと長女の口論への介入

F：
S：自分の金をどう使おうと勝手だろ？
S（長女）：またお金を下ろしたのね？
　　　　　お葬式代くらいは残しておいてよね。
O：長女の言葉を無視して、そっぽを向いて
　　いる。
A：四郎さんは長女による金銭搾取があった
　　と思い込んでおり、金銭管理は自分で行
　　いたいという思いが強い。
I：長女の心配を受容しながら、本人が下ろ
　　したお金の使い道を考えている状況を代
　　弁し、2人に金銭管理や今後のことを一
　　緒に考えましょうと提案した。

ココが POINT

項目Fは、焦点を記載する項目で、ニーズや気がかりを記載します。記録を書く際には、冒頭の1行分を空けておき、全体の流れをふまえたうえで最後に記載します。項目Fの表現は、第1章（11ページ）を参照してください。

解答 ▶

金銭管理をめぐる本人・長女の齟齬（そご）

解説

単に「F：金銭管理・家族関係」とすることもできますが、「金銭管理をめぐる本人・長女の齟齬」「不信感解消に向けた金銭管理の検討」「金銭管理をめぐる不信感解消」など、できるだけ具体的に表現すると、さらにわかりやすくなります。

2 生活支援記録法の書き方を身につけよう

1 叙述形式の記録の書き換えに挑戦してみよう

　ここでは、4つの叙述形式の記録を取り上げます。記録のどの部分が、生活支援記録法（以下、F-SOAIP）のどの項目に相当するかを考え、整理してみましょう。

レッスン-1 叙述形式の記録の書き換え

　次の記録は、障害者支援施設における母子の面会場面を相談支援員が記録したものです。記録を読んで、項目S、O、A、I、Pに相当する箇所に下線を引き、項目を振ってみましょう。次に、下線部をもとにF-SOAIPで書き換えてみましょう。その際、項目F（焦点）も考えてみましょう。

日時／方法	内容
10月28日 16:00～16:15 母親との外出からの帰所後の対応	本人より、「楽しかった。今度はお父さんと外出したい」との話が聞かれる。生活支援員が本人の帰室に同伴した。本人が父親の面会を楽しみにできるような声かけをするのがよいだろう。「次はお父さんが来てくれるのを楽しみにとっておこうね」と声かけをした。父親との外出の機会を設定することとした。

❶ ▶ 項目 S、O、A、I、P に相当する箇所に下線を引いてみよう

日時／方法	内容
10月28日 16:00 〜 16:15 母親との外出から の帰所後の対応	本人より、**S**「楽しかった。今度はお父さんと外出したい」との話が聞かれる。 **O** 生活支援員が本人の帰室に同伴した。**A** 本人が父親の面会を楽しみにできるような声かけをするのがよいだろう。**I**「次はお父さんが来てくれるのを楽しみにとっておこうね」と声かけをした。 **P** 父親との外出の機会を設定することとした。

❷ ▶ F-SOAIP で書き換えてみよう

日時／方法	内容
10月28日 16:00 〜 16:15 母親との外出から の帰所後の対応	**F** 父親との外出希望への対応 **S** 楽しかった。今度はお父さんと外出したい。 **O** 生活支援員が本人の帰室に同伴した。 **A** 本人が父親の面会を楽しみにできるような声かけをするのがよいだろう。 **I** 次はお父さんが来てくれるのを楽しみにとっておこうね。 **P** 父親との外出の機会を設定する。

解説

発言の記録

　F-SOAIP では、項目 S（主観的情報）と項目 O（客観的情報）のいずれに記載されているかで、誰の言動かを読み取ることができます。そのため、言動ごとに主語を記載する必要はありません。

　また「との話が聞かれる」などの会話に付随する表現も記録する必要はありません。解答の"お父さんと外出したい"のように、会話のみを記録すると、読みやすくすることができます。

項目 F（焦点）の書き方

　F-SOAIP には、叙述形式の経過記録にはなかった項目 F（焦点）が 1 行目に記載されています。項目 F の表現として、①実践場面をとらえた表現、②当事者のニーズや記録者の気づき等を示す表現、③項目 P（計画）につながる表現などが考えられます（第 1 章：11 ページ参照）が、ここでは①にあたる表現となっています。

　この解答例では、項目 F 以外の項目も 1 回ずつ、順番どおりに用いられています。これは、記録者と当事者のやりとりを要約的に記載しているためです。この場面のように、支援内容が複雑ではない場合には、要約的にまとめる方法が向いています。

レッスン-2 叙述形式の記録の書き換え

次の記録は、地域包括支援センターにおけるデイサービス利用促進の場面を記録したものです。記録を読んで、項目 S、O、A、I、P に相当する箇所に下線を引いてみましょう。次に、下線部をもとに F-SOAIP で書き換えてみましょう。その際、項目 F（焦点）も考えてみましょう。

日時 / 方法	内容
1月22日 13:00 ～ 13:15 自宅訪問	仁さんは妻を亡くしてから、外に出る機会が減っている。主治医からも下肢筋力などの低下がみられるとの連絡を受けている。仁さん自身、そのことを気にしていたが、訪問介護員によれば、デイサービスに行くことをためらっていた。女性が行くものという意識があるようだ。今回、デイサービスは施設ごとに特徴があり、運動目的で男性も多く利用しているデイサービスがあることを説明したところ、「そうなんですか」と言葉にされた。最初は乗り気でなかった仁さんも少し前向きになった様子。一度施設を見学してから利用するか決めてもらうことを勧めた。介護保険は未申請だったため、本日付で申請を行い、結果が出るまでにデイサービスを見学することとした。

解答

❶ ▶ 項目 S、O、A、I、P に相当する箇所に下線を引いてみよう

日時 / 方法	内容
1月22日 13:00 ～ 13:15 自宅訪問	仁さんは **O** 妻を亡くしてから、外に出る機会が減っている。**O** 主治医からも下肢筋力などの低下がみられるとの連絡を受けている。**O** 仁さん自身、そのことを気にしていたが、訪問介護員によれば、デイサービスに行くことをためらっていた。**A** 女性が行くものという意識があるようだ。**I** 今回、デイサービスは施設ごとに特徴があり、運動目的で男性も多く利用しているデイサービスがあることを説明したところ、**S**「そうなんですか」と言葉にされた。**A** 最初は乗り気でなかった仁さんも少し前向きになった様子。**I** 一度施設を見学してから利用するか決めてもらうことを勧めた。介護保険は未申請だったため、本日付で申請を行い、**P** 結果が出るまでにデイサービスを見学することとした。

40

日時／方法	内容
1月22日 13:00～13:15 自宅訪問	**F** 躊躇していたデイサービス利用の意向表明 **O** ・妻を亡くしてから、外に出る機会が減っている。 　・（主治医）下肢筋力などの低下がみられる。 　・上記を気にしていたが、訪問介護員によれば、デイサービスに行くことをためらっていた。 **A** 女性が行くものという意識があるようだ。 **I** 今回、デイサービスは施設ごとに特徴があり、運動目的で男性も多く利用しているデイサービスがあることを説明した。 **S** そうなんですか。 **A** 最初は乗り気でなかった仁さんも少し前向きになった様子。 **I** ・一度施設を見学してから利用するか決めてもらうことを勧めた。 　・介護保険は未申請だったため、本日付で申請を行った。 **P** 結果が出るまでにデイサービスを見学することとした。

解説

項目 O（客観的情報）の書き方

　事例では、項目 O（客観的情報）に相当する内容が冒頭に 3 か所あります。このような場合には、項目 O を 1 つ立てて箇条書きで示すと、情報を整理しやすくなります。

　また、主治医から得た情報は「O（主治医）」としますが、3 つ目の項目 O は、「O（訪問介護員）」とはしません。これは訪問介護員から得た情報ではあるものの、本人のこれまでの意向を要約した内容だからです。

時系列的に記載する

　この解答例では、項目 F（焦点）以外の項目は、用いる回数や SOAIP の順にこだわらず、柔軟に用いています。これは、記録者と当事者とのやりとりを時系列で記載しているためです。

　また、項目 I（介入・実施）の後にある項目 S（主観的情報）や項目 O（客観的情報）は、当事者の反応を表しています。支援者のはたらきかけによって、当事者からどのような応答があったか、またどのような変化があったかを忠実に記載する場合には、時系列的に記す方法が向いています。

項目 F（焦点）の表現

　項目 F（焦点）の表現は、「レッスン -1」でも示したように 3 つの方法が考えられます。ここでは、②当事者のニーズや記録者の気づき等を示す表現となっています。

次の記録は、地域包括支援センターの社会福祉士が地域ケア会議の様子を記録したものです。記録を読んで、項目S、O、A、I、Pに相当する箇所に下線を引いてみましょう。次に、下線部をもとにF-SOAIPで書き換えてみましょう。その際、項目F（焦点）も考えてみましょう。

日時／方法	内容
3月28日 14:00～14:30 自宅訪問、民生委員の同席	・主治医からの事前情報：幸枝さんは、夫の死後、急激に認知症が現われ始め、その場でのやりとりはできるが、物忘れが進行している。 ・民生委員：自宅での生活は難しいのではないかとの発言あり。 ・幸枝さんの様子：うなずきながら聞いていたが、小さな声で「自宅でこのまま暮らしていけるでしょうか」との発言あり。 ・当職：幸枝さんの意思を尊重することが大切だと考え、日常生活自立支援事業、訪問介護、食事サービスがあれば、自宅で生活を続けることができるのではないかと提案した。 ・幸枝さんの様子：表情が和らいだ。 ・結論：介護保険の要介護認定申請、キーパーソンの決定、認知症専門医の受診支援を進めることになった。

解答

① ▶ 項目S、O、A、I、Pに相当する箇所に下線を引いてみよう

日時／方法	内容
3月28日 14:00～14:30 自宅訪問、民生委員の同席	・**O** 主治医からの事前情報：幸枝さんは、夫の死後、急激に認知症が現われ始め、その場でのやりとりはできるが、物忘れが進行している。 ・**O** 民生委員：自宅での生活は難しいのではないかとの発言あり。 ・幸枝さんの様子：**S** うなずきながら聞いていたが、小さな声で「自宅でこのまま暮らしていけるでしょうか」との発言あり。 ・当職：**A** 幸枝さんの意思を尊重することが大切だと考え、**I** 日常生活自立支援事業、訪問介護、食事サービスがあれば、自宅で生活を続けることができるのではないかと提案した。 ・幸枝さんの様子：**O** 表情が和らいだ。 ・結論：**P** 介護保険の要介護認定申請、キーパーソンの決定、認知症専門医の受診支援を進めることになった。

日時／方法	内容
3月28日 14:00 ～ 14:30 自宅訪問、民生 委員の同席	**F** 在宅生活実現に向けた介護保険申請 **O** 主治医より、幸枝さんは、夫の死後、急激に認知症が現われ始め、その場でのやりとりはできるが、物忘れが進行している、との事前情報あり。 **O（民生委員）** 自宅での生活は難しいのではないか。 **S** うなずきながら聞いていたが、小さな声で「自宅でこのまま暮らしていけるでしょうか」。 **A** 幸枝さんの意思を尊重することが大切だと考える。 **I** 日常生活自立支援事業、訪問介護、食事サービスがあれば、自宅で生活を続けることができるのではないかと提案した。 **O** 表情が和らいだ。 **P** 介護保険の要介護認定申請、キーパーソンの決定、認知症専門医の受診支援を進めることになった。

[解説]

当事者本人もしくは記録者本人以外の言動には主語を付す

　項目S（主観的情報）には当事者以外に家族などのキーパーソンの情報を、項目O（客観的情報）にはほかの専門職の言動なども記載します。そのような場合には、誰の発言かがわかるように「O（民生委員）」などと、項目の後に主語を付しましょう。

他職種による実践の書き方

　記録者以外による対応は、項目O（客観的情報）に記載します。

　その場にいる専門職の発言であれば、項目Oに続けて（　）書きで職種を記載します。

　一方、その場にいない専門職から得た情報であれば、「主治医より～」「PTより～」などと、項目Oのなかに文章として記載します。

項目F（焦点）の表現

　ここでは、項目F（焦点）を「項目P（計画）につながる表現」としています。

　この解答例でも、項目F以外の項目は、用いる回数やSOAIPの順にこだわらず、柔軟に用いています。

第2章　演習編　生活支援記録法 書き方トレーニング

叙述形式の記録の書き換え

次の記録は、児童家庭支援センターにおける母親との面接場面を記録したものです。記録を読んで、項目 S、O、A、I、P に相当する箇所に下線を引いてみましょう。次に、下線部をもとに F-SOAIP で書き換えてみましょう。その際、項目 F（焦点）も考えてみましょう。

日時 / 方法	内容
11 月 23 日 16:00 〜 16:30 ショートステイ利用中の児の母親の来所	母親は、パート就労の状況は変わらないと言うが、児が家にいるとイライラすると言う。母親のストレスがどのように変わったかを知っておいてもらう必要があった。スケーリング・クエッションによる結果は、10 月 14 日には「8」だったが、今回は「6」と増悪していた。そこで、ショートステイ利用中の児の様子を知ってもらう必要があると考えた。児が描いた絵を見せると、母親はにこやかになった。ただ、絵に添えられている文字が鏡文字になっていることを指摘すると不安そうであった。当職が鏡文字を書くのはどの子でもよくあること、時が経てば自然に直ると説明すると、「安心しました」とうなずいて納得された様子。次回来所時もスケーリング・クエッションを実施するとともに、児への思いを傾聴する。

解答 ▶

❶ ▶ 項目 SOAIP に相当する箇所に下線を引いてみよう

日時 / 方法	内容
11 月 23 日 16:00 〜 16:30 ショートステイ利用中の児の母親の来所	母親は、**S（母親）** パート就労の状況は変わらないと言うが、児が家にいるとイライラすると言う。**A** 母親のストレスがどのように変わったかを知っておいてもらう必要があった。**I** スケーリング・クエッションによる結果は、**O** 10 月 14 日には「8」だったが、今回は「6」と増悪していた。そこで、**A** ショートステイ利用中の児の様子を知ってもらう必要があると考えた。**I** 児が描いた絵を見せると、**O** 母親はにこやかになった。ただ、**I** 絵に添えられている文字が鏡文字になっていることを指摘すると **O** 不安そうであった。当職が **I** 鏡文字を書くのはどの子でもよくあること、時が経てば自然に直ると説明すると、**S（母親）**「安心しました」とうなずいて納得された様子。**P** 次回来所時もスケーリング・クエッションを実施するとともに、児への思いを傾聴する。

② ▶ F-SOAIP で書き換えてみよう

日時／方法	内容
11月23日 16:00～16:30 ショートステイ利用中の児の母親の来所	**F** 母親の育児ストレスと児の発達への不安の解消 **S（母親）** パート就労の状況は変わらないが、児が家にいるとイライラする。 **A** 母親のストレスがどのように変わったかを知っておいてもらう必要あり。 **I** スケーリング・クエッションを実施。 **O** ストレスの変化（10月14日：8 11月23日：6） **A** ショートステイ利用中の児の様子を知ってもらう必要あり。 **I** ・母親に児が描いた絵を見せる。 　・絵に添えられている文字が鏡文字になっていることを指摘する。 **O** 絵を見てにこやかになったが、鏡文字の指摘には不安そうであった。 **I** 鏡文字を書くのはどの子でもよくあること、時が経てば自然に直る。 **S（母親）** 「安心しました」とうなずいて納得された様子。 **P** ・次回来所時もスケーリング・クエッションを実施。 　・児への思いを傾聴。

解説

項目F（焦点）が2つ以上ある場合の書き方

　この場面には、項目F（焦点）に当たる部分が2つあります。

> ①母親の育児へのストレス　②母親が抱く児の発達への不安

　このような場合には、解答にある「母親の育児ストレスと児の発達への不安」としたり、「①母親の育児ストレス、②児の発達への不安」と番号を付すなど、2つのポイントを一文にまとめ、項目F（焦点）とします。

　1つの支援場面であっても、やりとりが複雑な場合や、まだF-SOAIPの書き方に慣れていない場合には、項目F（焦点）を複数立てて記載することもあります（第3章：101ページ参照）。また項目Fに①、②…と番号を付すこともできます（第3章：81ページ参照）。

　しかし、そのような記載は、別々の支援場面のようにみなされかねません。また、話題の関連性が見えにくくなります。さらに、電子記録では、1つの支援場面について、複数の項目Fを立てて記載することができないこともあります。そのため、できるだけ1つの項目Fにまとめられるよう練習しておくのが望ましいです。

実践の経過を可視化する

　この場面では、項目I（介入・実施）と項目O（客観的情報）が繰り返されていることがわかります。支援者のはたらきかけと、それに対する当事者の反応をまとめ直すことで、第三者が見ても場面をイメージしやすい記録とすることができます。

第 **②** 章　演習編　生活支援記録法 書き方トレーニング

場面から記録を書いてみよう

場面概要

次の漫画を読み、F-SOAIP で記録を書いてみましょう。

入居して間もない利用者とよさん（80歳、女性）。休み明けに出勤した介護職が介護記録に目を通していると、亡くなっているはずのとよさんの母親が、とよさんの持ち物を持って行ってしまったと話し、たびたび居室内を探していたとの記載がありました。

❶ ▶場面に項目を当てはめてみよう

漫画中の①～⑨について、項目S、O、A、I、Pのいずれに相当するでしょうか。それぞれ当てはまる項目名を書いてみましょう。

番号	①	②	③	④	⑤	⑥	⑦	⑧	⑨	⑩
項目										

❷ ▶項目F（焦点）を設定してみよう

この場面の項目F（焦点）は、どのような表現がふさわしいでしょうか。

[F] ＿＿＿＿＿＿＿＿＿＿＿＿＿＿＿＿＿＿＿＿

❸ ▶F-SOAIPで記録を書いてみよう

この場面について、F-SOAIPを用いて記録してみましょう。

解答 ▶

❶ ▶場面に項目を当てはめてみよう

番号	①	②	③	④	⑤	⑥	⑦	⑧	⑨	⑩
項目	O	S	A	I	A	I	S	I	S	P

解説

❶：介護記録から読み取った情報は、項目O（客観的情報）に相当します。

❷：当事者からの訴えは、項目S（主観的情報）に相当します。

❸❺：支援者が行った声かけの根拠となる判断や考えであるため、項目A（アセスメント）とすることができます。

❹❻❽：支援者によるはたらきかけ（声かけなど）は、項目I（介入・実施）として記録します。

❼❾：支援者のはたらきかけに対する当事者の反応は、項目S（主観的情報）やO（客観的情報）に記載します。発言は項目S（主観的情報）、動作や表情の変化などは項目O（客観的情報）に相当します。今回は、❼❾ともに利用者の発言であるため、項目S（主観的情報）と考えます。

❿：今後の対応予定は、項目P（計画）に相当します。

② ▶ 項目F（焦点）を設定してみよう

F 母親への思いを活用した紛失対応

解説

　介護職の母親への思いをうまく引き出す対応によって、繰り返し「ブローチを紛失した」と訴えていたとよさんが落ち着きを取り戻した場面です。「母親への思いを活用した紛失対応」などとするとわかりやすいでしょう。

　なお、①どのような対応場面かがわかる、②今後の対応（計画）がわかるという点さえ押さえられていれば、項目Fの表現方法はさまざまです。場面を端的にわかりやすく示すことができる一文を考えましょう。

③ ▶ F-SOAIP で記録を書いてみよう

内容
F　母親への思いを活用した紛失対応
O　「ブローチがなくなった」と、訴えを繰り返す。
S　私のブローチ、母さんが持って行っちゃったのよ！
A　・とよさん自身がブローチを見つけられるとよい。 　　・居室に戻って混乱したか、お母さんとの関係性に原因があるのかな。
I　お母さんがブローチを返しに来てくれたかもしれませんよ。一緒に探してみませんか？
A　窓際のお母さんの写真の話を伺えば、視線を誘導できるかしら。
I　お母さんのお写真、素敵ですね。
S　こんなところに置いてあるわ！　母さんが返してくれたのね…。
I　見つかってよかったです。
S　母さんはいつも私のことを見てくれているのね…。
P　・安心してもらうために、写真を部屋のどこからでも見えるテーブルへ移動することを提案する。 　　・リビングから居室に戻った後は、お母さんの話をするなどして見守る必要がある。

解説

　記録する際は、①、②で整理した内容に基づき、やりとりの流れに沿って記入していけばよいでしょう。漫画と記録を見比べてみると、場面を簡潔かつ正確に描写できていることを実感できると思います。

レッスン-6 場面から記録を書いてみよう

場面概要

訪問介護サービスを利用している進一さん（70 代、男性）。この日は、今まで服用していた薬が変更になって初めての訪問です。すぐに笑顔で出迎えてくれたものの、新しい薬を渡そうとすると、けげんそうな表情を浮かべます。

① ▶場面に項目を当てはめてみよう

漫画中の①～⑨について、項目 F-SOAIP のいずれに相当するでしょうか。それぞれ当てはまる項目名を書いてみましょう。

番号	①	②	③	④	⑤	⑥	⑦	⑧	⑨
項目									

② ▶F-SOAIPで記録を書いてみよう

この場面をF-SOAIPを用いて記録を書いてみましょう。

解答 ▶

① ▶場面に項目を当てはめてみよう

番号	①	②	③	④	⑤	⑥	⑦	⑧	⑨
項目	O	S	O	S	I	O	S	P	F

解説

[1][3]：事前に伝達を受けていた情報は、項目O（客観的情報）に相当します。

[2][4]：当事者の言動は項目S（主観的情報）として記録します。

[5]：支援者によるはたらきかけ（事例では、声かけとボディタッチ）は、項目I（介入・実施）に相当します。また漫画中には示されていませんが、はたらきかけの背景には、支援者による判断があるはずです。記録する際は、こちらも記載する必要があります。

[6][7]：「スムーズに内服する気持ちになってもらえた」というのは、当事者の表情がやわらいだ様子などを観察し、支援者が読み取った情報です。このような情報は、項目O（客観的情報）として記録します。

しかし、表情の変化などと同時に、「ありがとう」などの発言が得られることも多いです。このようなときは、項目S（主観的情報）に様子と言動をまとめて書くこともできます。

[8]：今後の対応予定は、項目P（計画）に記載します。

[9]：実際の対応場面ではメモをとるだけに留め、事業所等へ戻った後、対応を振り返りながら記録を書くことが多いと思います。そのとき、思い返される対応を一言で表現したものが項目F（焦点）です。

内容
F スキンシップを活用した服薬支援
O 進一さんは服薬を渋ることが多い。
S 訪問すると、すぐに出迎えてくれた。
O 壁に貼られたメモ:「記憶力をあげる薬が 12 月分から変更」。
S (薬を差し出したところ) 何の薬? 聞いていないよ。
A スムーズに内服してもらうために工夫が必要。亡き妻と仲がよかったことから、妻の仏壇に供えられている水でなら服薬してもらえるかもしれない。ボディタッチも活用してみよう。
I 「記憶力をあげる薬ですよ。奥さんにお供えしているペットボトルのお水で飲んでみましょう」と声をかけ、肩に手をかける。
S 「飲んでみようか」と表情がやわらぐ。
O 初めてスムーズに内服する気持ちになってもらえた。
P 今後もスキンシップを活用した対応を心がける。

※色文字は漫画中には明示されていない内容

解説

　漫画中には、項目 A(アセスメント)に相当する内容が記載されていません。しかし、実際の対応場面で、何らかのはたらきかけをしようとするときには、その根拠となる支援者の判断があるはずです。事業所等でメモをもとに書き起こす際は、こうした判断についても振り返り、記録に残すことが必要です(色文字部分)。

レッスン-7　場面から記録を書いてみよう③

場面概要

　金銭管理のため、社会福祉協議会の支援員の訪問を受けている由紀さん（50代、女性）。訪問のたびに生活費を小分けにして渡しています。本人は少しでもお金を貯めるため、喫煙をやめたいと言いますが、なかなか思うようにいきません。

❶ ▶場面に項目を当てはめてみよう

漫画中の①～⑩について、項目 F-SOAIP のいずれに相当するでしょうか。それぞれ当てはまる項目名を書いてみましょう。

番号	①	②	③	④	⑤	⑥	⑦	⑧	⑨	⑩
項目						A	I	S		

❷ ▶対応方法を考えてみよう

漫画中の⑥⑦⑧について、あなたがこの支援員だった場合、どのようにアセスメントし、どのようにはたらきかけ、当事者からどのような反応が得られるかを考えてみましょう。

⑥[A] ______________________________

⑦[I] ______________________________

⑧[S] ______________________________

❸ ▶F-SOAIP で記録を書いてみよう

この場面について、F-SOAIP を用いて記録してみましょう。

解答

❶ ▶場面に項目を当てはめてみよう

番号	①	②	③	④	⑤	⑥	⑦	⑧	⑨	⑩
項目	O	I	S	I	S	A	I	S	P	F

解説

①：他職種から得た情報は、項目 O（客観的情報）に記載します。

②④：支援者から当事者へのはたらきかけ（声かけなど）は、項目 I（介入・実施）に相当します。

③⑤：支援者のはたらきかけに対する当事者の反応は、項目 S（主観的情報）や項目 O(客観的情報)に記載します。本場面では、③⑤ともに当事者の発言であるため、項目 S（主観的情報）として記載します。

⑨：今後の対応予定は、項目 P（計画）に記載します。

⑩：対応全体を表す項目 F（焦点）を記録後に設けます。

② ▶対応方法を考えてみよう

⑥[A] タバコ代を減らせば貯金につながることを見える化すればよいのではないか。

⑦[I] 家計簿をつけてみませんか？　タバコ代が貯金に回るのがよくわかりますよ。

⑧[S] 家計簿なんてつけたことないけど、おもしろそうね。

解説

支援員は、専門員からの申し送りで、「お金を貯めたいので、タバコはやめたいが、やめられない」という当事者の意志と葛藤を知っています。そこで、「タバコをやめること」と「貯金」が両立できるような提案を行う必要があります。

ここでは、収支がわかる方法として家計簿を提案していますが、「タバコをやめること」と「貯金」を両立するための提案が書かれていればよいでしょう。

③ ▶F-SOAIP で記録を書いてみよう

F-SOAIP には、支援の経過を時系列で示す方法と、要約的に示す方法があります。

この場面のように支援の内容があまり複雑ではない場合は、いずれの方法でも記録できます。

時系列で整理する場合

	内容
[F]	タバコ中止と貯金の両立
[O]	専門員からの申し送り：お金を貯めたいのでタバコはやめたいが、やめられないと話していた。
[I]	生活費３万円をタバコ代とお米代に仕分けして渡す。
[S]	貯金の残高が減っているのでタバコをやめたいが、家に１人でいるとつい吸ってしまう。
[A]	タバコをやめることと貯金が両立できるような具体的な提案が必要。
[I]	家計簿を提案。
[S]	家計簿なんてつけたことないけど、おもしろそうね。
[P]	次回訪問時、家計簿をつけているかを確認。

要約的に整理する場合

	内容
F	タバコ中止と貯金の両立
S	貯金の残高が減っているのでタバコをやめたいが、家に１人でいるとつい吸ってしまう。
O	専門員からの申し送り：お金を貯めたいのでタバコはやめたいが、やめられないと話していた。
A	タバコをやめることと貯金が両立できるような具体的な提案が必要。
I	・生活費３万円をタバコ代とお米代に仕分けして渡す。 ・家計簿を提案。
S	家計簿なんてつけたことないけど、おもしろそうね。
P	次回訪問時、家計簿をつけているかを確認。

解説

時系列で整理する

　漫画は、「お金を貯めるためにタバコをやめたい」という悩みを抱えていた由紀さんが、支援者の提案によって前向きな気持ちになる場面です。このような場面を時系列で整理すると、当事者に変化をもたらした支援者のはたらきかけとその根拠（支援者の判断や考え）を明示することができます。

　このような記録は、当事者とのかかわり方のヒントを残すことができるため、今後の支援に活きることはもちろん、担当職員の変更などで引き継ぎ等が必要になった場合にも活用することができます。

要約的に整理する

　時系列で整理した記録と比べると、当事者の変化を明示することはできませんが、F-SOAIP の順で整理されるため、情報を整理して把握することができます。

　また要約的に整理する場合、項目 S、O、A、I、P を１回ずつ用いることが基本ですが、解答のように項目 I（介入・実施）の後に項目 S（主観的情報）を記すことで、支援者のはたらきかけに対する当事者の反応を残すこともできます。

レッスン-8 場面から記録を書いてみよう

場面概要

　介護支援専門員（ケアマネジャー）のあなたは、繁樹さん（50代、男性）の自宅を訪問します。繁樹さんは会社で20年以上にわたって経理を担当していましたが、脳卒中を理由に退職。長らく社会復帰に消極的でした。しかし、この日は繁樹さんから社会復帰に前向きな発言がありました。

記録を書いてみよう

　繁樹さんの社会復帰を後押しするために、あなたならどのように対応しますか。対応とそれに対する当事者の反応を考え、F-SOAIPで記録を書いてみましょう。

繁樹さんに関する情報

- ・脳卒中を起こし、退職するまで会社で20年以上にわたって経理を担当していた。
- ・長らく社会復帰に消極的だったが、経理の仕事なら再就職したいと考えている。
- ・妻・息子と同居しており、2人も繁樹さんの社会復帰を応援している。
- ・現役時代はパソコンを使う機会が少なかった。
- ・息子のパソコンを借りて練習しているが、経理ソフトの操作に不安を覚えている様子。

 繁樹さんの言葉

　ちょっと聞いてほしいんだけど…。最近、長年携わっていた経理の仕事ならできるかな、と考え始めているんだ。現役時代はパソコンなんてほとんど使う機会がなかったけど、今はパソコンを使える必要があるだろ。息子のパソコンを借りてぼちぼちやっているんだが、経理となると、学校に行ってソフトの使い方を学ばなきゃだめかな…。

① ▶ F-SOAIP でメモを書いてみよう

　F-SOAIP は、実践におけるメモを残すためにも活用できます。左の事例について、項目ごとに整理してみましょう。メモをとる際は、箇条書きなどを活用し、ポイントのみを抜粋して書くのが望ましいです。

　また項目 A、I、P については、あなたなりの判断や対応を考えて書いてみましょう。

(1) F (Focus：焦点)	
(2) S (Subjective Data：主観的情報)	
(3) O (Objective Data：客観的情報)	
(4) A (Assessment：アセスメント)	
(5) I (Intervention／Implementation：介入・実施)	
(6) P (Plan：計画)	

② ▶ F-SOAIP で書いてみよう

　①で行ったメモをもとに、F-SOAIP で記録を書いてみましょう。

　メモを記録に起こすときは、当事者の反応（発言や表情など）にも留意しましょう。

❶ ▶ F-SOAIP でメモを書いてみよう

　ここで挙げたメモは一例です。メモの一部は場面から読み取れますが、メインとなる内容はあなたがどのような支援を行うと考えたかによって異なります。

(1) F (Focus：焦点)	経理の仕事への復帰
(2) S (Subjective Data： 主観的情報)	・経理の仕事。 ・パソコンを使える必要がある。 ・ソフトの使い方を学ぶ。 ・息子にも聞いてみる。
(3) O (Objective Data： 客観的情報)	・脳卒中。 ・20 年以上経理。 ・妻・息子と同居。社会復帰を応援している。
(4) A (Assessment： アセスメント)	・経理には自信あり。 ・パソコン技能の習得。
(5) I (Intervention／ Implementation： 介入・実施)	・チャレンジを勧める。
(6) P (Plan：計画)	・情報提供。

※場面からは読み取れない内容を色文字で示しています。

解説

(1) 項目 F（焦点）

　繁樹さんの発言から「経理の仕事への復帰」を希望していることがうかがえます。その点に着目していることがわかる項目 F を立てましょう。

(2) 項目 S（主観的情報）

　当事者の発言のメモを取るときには、発言のすべてを残すのではなく、要点やキーワードまとめておくとよいでしょう。

(3) 項目 O（客観的情報）

　「繁樹さんに関する情報」欄の内容のうち、客観的情報に相当するのは、病歴や職業経験、家族に関する情報です。

（4）項目 A（アセスメント）

　この項目は記録者、つまり支援者であるあなたの思考を示すものです。「繁樹さんに関する情報」欄の内容や「繁樹さんの言葉」欄の内容をもとに、どのような判断をしたかを残しましょう。

（5）項目 I（介入／実施）

　項目 A（アセスメント）に記した判断に基づき、あなたが繁樹さんにどのようにはたらきかけたかが書けているとよいでしょう。

（6）項目 P（計画）

　繁樹さんの社会復帰を後押しするために今後あなたがどのように対応していくかを記載しましょう。

2 ▶ F-SOAIP で書いてみよう

F	経理の仕事への復帰の後押し
S	・最近、長年携わっていた経理の仕事ならできるかな、と考え始めているんだ。
	・現役時代はパソコンなんてほとんど使う機会がなかったけど、今はパソコンを使える必要があるだろ。
	・学校に行ってソフトの使い方を学ばなきゃだめかな…。
O	・脳卒中を起こし、退職するまで会社で 20 年以上にわたって経理を担当していた。
	・妻・息子と同居しており、2 人も繁樹さんの社会復帰を応援している。
A	・長らく社会復帰に消極的だったが、経理の仕事には自信があり、再就職したいと考えているようだ。
	・仕事への意欲は十分ある様子。短期集中講座などでパソコンの技能を身につけてはどうか。
I	・パソコンはある程度使えたほうがよいですね。
	・学校によっては短期集中講座もあるので、チャレンジしてもよいと思います。奥様や息子さんとも相談してみてはいかがですか。
P	繁樹さんの社会復帰に向けて必要な情報提供を行う。

※場面からは読み取れない内容を色文字で示しています。

解説

メモから要約的な記録を書く

　解答例は、メモの内容をそのまま順番に記録し、要約的にまとめています。F-SOAIP でメモをとっている場合、状況を詳細に描写する文言を加えていくことで、そのまま要約的な記録とすることができます。

場面から記録を書いてみよう

場面概要

　あなたは特別養護老人ホームの介護職です。夜勤中のあなたは、いつも眠前薬を内服後、すぐに帰室するセツさん（80代、女性）がホールに一人座っているのを発見しました。あなたが声をかけるも、部屋へ戻ろうとする素振りはありません。しばらくして、セツさんから「トイレへ行きたい」との訴えがありました。

記録を書いてみよう

　次のような状況におかれたとき、あなたならどのように対応しますか。対応とそれに対する当事者の反応を考え、F-SOAIP で記録を書いてみましょう。

📖 セツさんに関する情報

・要介護 4、認知症、片麻痺
・いつもは 20 時に内服し、すぐに帰室する。
・この日は 20 時に内服後、トイレに寄って帰室するが、すぐにホールへ戻ってきてぼーっと過ごしている。
・ホールに戻ってきたセツさんにあなたが声をかけたが、帰室する素振りはみられない。
・20 時 40 分に「トイレに行く」との訴えがあり、排泄に付き添うも排泄はなく、不思議そうな表情を浮かべる。

💬 セツさんの言葉

20 時：
「部屋に戻ったのだけど、なんだか寝つけなくて…。もう少しホールで過ごさせてもらえるかしら。」

20 時 40 分：
「トイレに行きたいと感じたんだけど、出ないわね…。さっき行ったばかりだからかしら…。また行きたいと感じたら、声をかけるわね。」

❶ ▶ F-SOAIP でメモを書いてみよう

F-SOAIP は、実践におけるメモを残すためにも活用できます。左の事例について、項目ごとに整理してみましょう。メモをとる際は、箇条書きなどを活用し、ポイントのみを抜粋して書くのが望ましいです。

また項目 A、I、P については、あなたなりの判断や対応を考えて書いてみましょう。

(1) F（Focus：焦点）	
(2) S（Subjective Data：主観的情報）	
(3) O（Objective Data：客観的情報）	
(4) A（Assessment：アセスメント）	
(5) I（Intervention／Implementation：介入・実施）	
(6) P（Plan：計画）	

❷ ▶ F-SOAIP で書いてみよう

①で行ったメモをもとに、F-SOAIP で記録を書いてみましょう。

メモを記録に起こすときは、当事者の反応（発言や表情など）に留意しましょう。

❶ ▶ F-SOAIP でメモを書いてみよう

　ここで挙げたメモは一例です。メモの一部は場面から読み取れますが、メインとなる内容はあなたがどのような支援を行うと考えたかによって異なります。

(1) F (Focus：焦点)	20 時：入眠できないときの様子観察。 20 時 40 分：排泄の訴えへの対応。
(2) S (Subjective Data： 　　主観的情報)	20 時：・寝つけない。 　　　　・ホールで過ごしたい。 20 時 40 分：・トイレに行きたかったが、出ない。 　　　　　　・また声をかける。
(3) O (Objective Data： 　　客観的情報)	20 時：・いつもは 20 時の内服後、すぐに帰室する。 　　　　・ホールでぼーっと過ごしている。 　　　　・帰室する素振りなし。 20 時 40 分：・排泄がなかったことに不思議そうな表情。 　　　　　　・声をかけるよう促すと笑顔。
(4) A (Assessment： 　　アセスメント)	20 時：様子が気になる。 20 時 40 分：訴えは不安の表れか？
(5) I (Intervention／ 　　Implementation： 　　介入・実施)	20 時：排泄介助。 20 時 40 分：また声をかけるよう促す。
(6) P (Plan：計画)	20 時：医療職へ報告。 20 時 40 分：様子を見守る。

※場面からは読み取れない内容を色文字で示しています。

解説

(1) 項目 F（焦点）

　時制が異なる場合には、時制ごとに項目 F（焦点）を立てて記録します。

(2) 項目 S（主観的情報）

　当事者の発言は項目 S（主観的情報）に相当するため、「セツさんの言葉」欄に示されている内容はすべてこの項目に記入します。

(3) 項目 O（客観的情報）

　「セツさんに関する情報」欄の内容のほか、はたらきかけによって得られたセツさんの変化（表情など）に関する情報も項目 O（客観的情報）として残しておきましょう。

（4）項目 A（アセスメント）

　この項目は記録者、つまり支援者であるあなたの思考を示すものです。一連のセツさんとのやりとりのなかであなたがどう考えたのかが示されていればよいでしょう。

（5）項目 I（介入／実施）

　項目 A（アセスメント）に書いた判断に基づき、あなたがセツさんにどのようにはたらきかけたかが書けているとよいでしょう。

（6）項目 P（計画）

　事例からは読み取ることができない内容です。一連のセツさんとのやりとりを通じて、次にどのようなはたらきかけを行えばよいかを明示しましょう。

❷ ▶ F-SOAIP で書いてみよう

20 時の記録

F	入眠できないときの様子観察
O	・いつもは 20 時の内服後、すぐに帰室する。
	・帰室後、すぐにホールへ戻り、ぼーっと過ごしている。
A	いつもと異なる様子が気になるため、声をかけてみよう。
I	セツさん、どうかされましたか。
S	なんだか寝つけなくて…。もう少しホールで過ごさせてもらえるかしら。
P	しばらく様子を観察し、必要なら医療職へ報告する。

20 時 40 分の記録

F	排泄の訴えへの対応
S	トイレに行きたいと感じたんだけど、出ないわね…。さっき行ったばかりだからかしら…。
O	排泄がなかったことに不思議そうな表情。
A	排泄の訴えは不安の表れかもしれない。
I	またいつでも声をかけてくださいね。
S	「また行きたいと感じたら、声をかけるわね」と笑顔になる。
P	様子を見守り、不安の原因を探る。

※場面からは読み取れない内容を色文字で示しています。

解説

2 つの場面を記録する

　事例では、20 時の対応（様子観察）と、20 時 40 分の対応（排泄介助）の 2 つの場面について書かれていることが読み取れます。このようなときは、場面ごとに項目 F を立てて、関連する内容（項目 S、O、A、I、P）をそれぞれまとめます。

3 生活支援記録法ワークシートに取り組んでみよう

1 生活支援記録法ワークシートとは何か

　生活支援記録法ワークシートは、正式には「生活支援記録法ワークシート【初回・導入・OJT版】」という名称で、研修や自己学習に活用します。F-SOAIPに初めて触れるときはもちろん、事業所等への導入時や、導入後のOJT（現任訓練：実務を通じた職業訓練）などでも広く活用できるワークシートです。

2 生活支援記録法ワークシートを活用する

1．F-SOAIPに初めて取り組む場合

　F-SOAIPに初めて取り組む場合は、66ページで紹介する書き方を参考に、①〜⑧を一通りを埋めることをお勧めします。

　自分の書いた記録の抜け落ちやすい項目の傾向、書き換えのポイントなどに気づくことができるでしょう。

2．個人や事業所で導入する場合

　研修などでF-SOAIPを学び、個人や事業所で導入を図る場合、①欄にはF-SOAIPで書いた記録を記載します。

　研修では、F-SOAIPで書いた記録を持ち寄り、相互に確認し合うことで、導入時の不安解消や場面に応じたF-SOAIPの書き方への理解につながります。

3．導入後にOJTとして活用する場合

　F-SOAIPの書き方に慣れてきたら、ワークシートをOJTで活用しましょう。

　たとえば、項目S（主観的情報）や項目O（客観的情報）で当事者や家族の言葉などを的確にとらえているか、情報をもとにどのような判断をしているか（項目A：アセスメント）など、ほかのスタッフが書いた経過記録を意識的に閲覧するだけでもOJTにつなげることができます。

生活支援記録法ワークシート【初回・導入・OJT 版】

（　　回目）　年　　月　　日　所属・職種　　氏名　　グループ（人数：　　職種など：　　　）

② SOAIP	① 援助が困難・うまくいった ／書けていない・書けている	FSOAIP	③
			④できたこと
			⑤難しかったこと
F-SOAIP	⑥ F-SOAIP を用いた経過記録		⑦ワーク前後の気づき・学び・変化
			⑧今後の活用

第②章 演習編 生活支援記録法 書き方トレーニング

65

生活支援記録法ワークシート【初回・導入・OJT 版】の書き方

（　回目）　年　月　日　所属・職種　氏名　グループ（人数：　職種など：　）

3 ② SOAIP

2 ①支援が困難・うまくいった／書けていない・書けている

グループで共有・検討したい場面が、「支援が困難な場面」か「うまくいった場面」かを選ぶ。続いて、記録が「うまく書けていない」か「うまく書けている」かを選ぶ

1 記録の場面を思い出しながら記入するか、記録のコピーを貼り付ける

記入または貼り付けた記録のどの部分がS、O、A、I、Pに相当するか、項目を書き出す

4,5 ③ FSOAIP

- ①の場面について、Fをイメージしながら S、O、A、I、Pに沿って思い出し、補足が必要であれば、該当する項目に記入し、①のどこに挿入すべきかを、矢印で示す
- この作業をふまえ、Fを確定し、記入する

④できたこと

⑤難しかったこと

①〜③までを振り返って記入する

【導入・OJT 版】では、初回からの変化・成長を確認し、モチベーション向上を図ることができる

F-SOAIP

6 ⑥ F-SOAIP を用いた経過記録

- ①〜⑤のワークをふまえて、F-SOAIP を用いて、書き直す
- S、O、A、I、Pは、順番や用いる回数に制約はない
- Fを1行目に記入し、一連の実践過程を確認する

7 ⑦ワーク前後の気づき・学び・変化

ワークシートを行う前後での、気づきや学び、考え方の変化などを記入する

⑧今後の活用

今後、どのようにF-SOAIPを活かしたいか記入する

【導入・OJT 版】では、①がF-SOAIPで書かれているため、アセスメントやアプローチなどについて検討できる

1 🖝 叙述形式の記録を用いよう！

　初めてワークシートに取り組む場合は、①欄に一文が簡潔にまとまった記録を用いることをおすすめします。一文に多くの情報が入り混じる記録を用いてしまうと、複数の項目（S、O、A、I、P）が混在することもあるため、②欄の作業が難しくなります。

2 🖝 支援と記録の結びつきを実感しよう！

　①欄の冒頭で、取り上げた記録場面の質（支援が困難な場面だったか、うまくいった場面だったか）、記録の質（うまく書けていないか、うまく書けているか）を振り返ります。支援が困難な場面でも、支援がうまくいった場面でも、記録が書けていれば、なぜそのような結果になったのかを考えることができます。
　生活支援記録法ワークシートを初回、導入後、OJT等と、継続して使っていくなかで、記録と支援の結びつきを実感できるようになるでしょう。なお、本ワークシートは個人から事業所や法人、事業所や法人から地域や自治体へと、活用の範囲が広がっていくほど、OJTや研修の素材として価値が高まります。

3 🖝 自分の記録を見直そう！

　②欄の作業の目的は、あなたが今まで書いてきた経過記録の傾向を確認することにあります。「項目A（アセスメント）がない」「無駄な情報が多い」など、今までの記録の問題点を実感することが大切です。
　なお、要約的な記録を用いた場合など、②欄で項目を書き出すことに難しさを感じる場合もあるでしょう。そのような場合であっても、叙述形式の記録では項目ごとに分けるのが難しいと実感できれば十分です。叙述形式の記録の問題点を認識できることに意味があります。

4 🖝 記録の過不足を実感しよう！

　③欄では、実践場面を振り返り、記録の過不足の解消を図ります。①欄に記入・貼付した記録について、不足していた情報や修正が必要な内容を③欄で項目ごとに整理しましょう。この作業を通じて、いかに多くの分量が多い叙述形式の記録であっても、過不足があることを実感できます。

5 🖝 項目Fの表現を考えてみよう！

　③欄の1行目には、項目F（焦点）を記入します。第1章（11ページ）を参考に、記録場面に応じた項目Fを考えてみましょう。

6 🖝 実践の可視化を実感しよう！

　②③欄での作業をもとに⑥欄で「F-SOAIPを用いた経過記録」への書き換えを行うと、実践が可視化された記録とはどういうものであるのかを実感できるでしょう。

7 🖝 グループで活用してみよう！

　生活支援記録法ワークシートをグループでも活用できます。その場合、まずは①〜⑤欄に取り組み、自分の記録を振り返ってどのように感じたのかを共有しましょう。続いて、⑥〜⑧欄に取り組み、F-SOAIPへの書き換えを行った感想を共有します。叙述形式の記録に関する感想と、F-SOAIPを用いた記録に関する感想を分けて共有することで、それぞれの違いをより実感できるはずです。

生活支援記録法ワークシート【初回・導入・OJT版】の記入例

（　　回目）　　年　　月　　日　　所属・職種　　氏名　　グループ（人数：　　職種など：　　）

②SOAIP	① 支援が困難・⟨うまくいった⟩／⟨書けていない⟩・書けている	③	
O（訪問介護員）	（訪問介護員より）「部屋の尿臭と汚れが目立ってきている」との報告あり。	F	サービス利用の意欲促進
I／S	「尿漏れはありますか」と聞くと、「まぁ」との返事。	S	本人の気持ちの確認
I／S	「パットは使ってますか」と聞くと、「使ってない」とのこと。	O	状況確認
I／S	「部屋の臭いや汚れも気になるので、ヘルパーを利用したらどうですか」と投げかけると「自分で掃除するから大丈夫」と言われる。	A	本人の思いも尊重しながら、身の回りの世話が必要
I	「自分でするのは大変で、きれいに掃除するのは難しいと思いますよ」と言うと、	I	本人の気がかりは費用負担のみで、訪問介護を利用してもらえそう
S／I	「お金どのくらいかかるの？」と聞かれるので、「1か月分で、○○円くらいです」	P	サービス導入の具体化を進める
S	「利用しようかな」		
P	来週、サービス担当者会議を開催予定。尿漏れについては主治医に相談予定。	④できたこと プランに結びつけられる記録を書けた。 ⑤難しかったこと ・項目Fの表現 ・項目Aを意識していなかったので、漏れていた。	
F-SOAIP	⑥生活支援記録法を用いた経過記録	⑦ワーク前後の気づき・学び・変化	
F	サービス利用の意欲促進	今までの方法との違いに驚いたとともに、何のため、誰のための記録なのかを改めて考えるよい機会となりました。事業所内においても記録について話し合いをもちたいと思います。	
O	（訪問介護員からの報告）部屋の尿臭と汚れが目立ってきている。		
S	手術後尿漏れあるも、パットは不使用。		
A	身の回りの世話が必要か、本人の意向を確認する必要あり。		
I	「部屋の臭いや汚れも気になるので、ヘルパーを利用したらどうですか」「自分できれいに掃除するのは難しいと思います」		
S	「利用料のこともあるし、自分で掃除するから大丈夫」「お金どのくらいかかるの？」	⑧今後の活用 事業所内で共有してF-SOAIPが活用できたらよいと思います。	
A	本人の気がかりは費用負担のみで、訪問介護を利用してもらえそう。		
I	「1か月分で、○○円くらいです」		
S	「利用しようかな」		
P	・来週、サービス担当者会議を開催予定。 ・尿漏れについては主治医に相談予定。		

Column

生活支援記録法は地域包括ケアシステム確立のツール

大友崇義
(とちぎソーシャルケアサービス従事者協議会代表)

　2000年10月、我が国で初めて社会福祉専門職の6団体(社会福祉士会、介護福祉士会、精神保健福祉士会、医療社会事業協会、ソーシャルワーカー協会、ホームヘルパー協会)が協働して一つの事務所をもちました。そのミッションは、専門性の異なる各会では対応が困難な保健医療福祉介護の現代的課題に真正面から取り組み、その解決に向けてソーシャルアクションを展開することにあります。

　現在、国は、地域包括ケアシステムの構築を目指し、保健医療福祉介護専門職の「専門性」に脚光を当て始めています。本協議会も学会や公開セミナー、研究会等をとおしてそのあり方を研究し、国のモデル事業となっている栃木市を支援してきました。それと同時に、システムを構築するうえで不可欠な多職種間の連携をサポートする生活支援記録法の普及に努めてきました。

　地域包括ケアシステムの構築は、①住民参加、②地方自治体単位、③各種計画の連携・連結、④人づくり、⑤コミュニティづくり、⑥あらゆる関係機関・団体・法人等の連携・調整・統合、⑦公私協働、専門職登用と連携等の重層的な条件整備が必要と考えています。

　特に①から⑦の専門職同士の実践を媒介とした、主体的な「協働・連携・連帯」が重要です。一人の専門職が、多職種の価値・技術を共有することは困難ですが、組織的に総点検することがシステム構築の基礎工事となります。

　生活支援記録法は、クライエント(利用者)と専門職のすべての行為を明らかにするツールです。今後生活支援記録法の導入によって、あらゆる保健医療福祉介護機関で各職員の品質を一目瞭然化し、サービスの品質管理の向上の展望を見とおすことができるようになるでしょう。また、多職種間の連携もこの記録法で格段に促進されると考えます。

　協議会としては、今後とも上記の①から⑦に関する保健医療福祉介護専門職の21世紀の実践のあり方を検証して課題を明らかにし、その課題解決に傾注していきます。

第3章

場面編

生活支援記録法の
実践例

F S O
A I P

場面編　生活支援記録法の実践例

1 介護・保育・生活支援

1 繰り返し動作への対応

記録者 小規模多機能型居宅介護：介護職

場面概要

小規模多機能型居宅介護に入所したふみ子さん（80代、女性）は、居室で一人で過ごすことが多く、職員やほかの利用者とあまりかかわろうとしません。レクリエーションの最中にも、活動内容には興味を示さず、トイレットペーパーをねじり合わせるようにしてひも状にし、それを腰に巻こうとする動作を繰り返しています。

長女に話を聞くと、若い頃にデパートの着物販売コーナーで働いていたことがわかりました。

Before 叙述形式の経過記録

ここが問題！ 記録者のはたらきかけの根拠が書かれていない

問題点㋐
「すると」「このことから」などの接続詞を多用しており、記録が長くなりがちである

問題点㋑
記録者のはたらきかけの根拠や今後の対応が記載されていない

食堂でトイレットペーパーを使ってひもをつくり、腰に巻こうとする動作を繰り返している。
娘さんから得た情報から、着物販売の仕事をしていたことと関係しているのか、確認してみる必要があると考え、「ふみ子さん、『昔、着物販売のお仕事をされていた』と娘さんからお聞きしたんですが、もしかして帯をお探しですか？」と尋ねた。㋐すると、無表情だったふみ子さんが、正気に戻ったように「えっ？　そうなのよ、帯なのよ。私、昔、着物が大好きだったのよ」と明るい表情で答えられた。
㋐このことから、ふみ子さんが繰り返していた動作は、着物販売の仕事をしていたことと関係している可能性が高い。
㋐そこで、施設では年に２回、着物の着付け教室を開いていることを話し、そのとき、㋑ふみ子さんに手伝ってもらえないかと投げかけてみた。㋐すると、ふみ子さんは、「私にできるかしら…」と戸惑いながらも穏やかな表情になったので、「ふみ子さんなら大丈夫よ。着物のことをちゃんとわかっておられるから、きっと着付けの先生も助かると思うわ。じゃあ、お願いね」と念を押すと、嬉しそうな笑顔が見られた。

F-SOAIP を意識した書き方のPOINT

本記録では、以下の2つの大切なポイントが不足しています。
これらを意識することでわかりやすい記録となります。

・「ふみ子さんに（着物の着付け教室を）手伝ってほしい」とはたらきかけた根拠
・今回のやりとりを次の支援にどう活かすか（計画）

After F-SOAIP を用いた経過記録

F…焦点　S…主観的情報　O…客観的情報　A…アセスメント　I…介入・実施　P…計画

F	反復動作の意味理解による着付け教室参加の提案
O	食堂でトイレットペーパーを使って紐をつくり、腰に巻こうとする動作を繰り返している。
A	娘さんから得た情報から、着物販売の仕事をしていたことと関係しているのではないか。
I	ふみ子さん、「昔、着物のお仕事をされていた」と娘さんからお聞きしたんですが、もしかして帯をお探しですか。
S	そうなのよ、帯なのよ。私、昔、着物が大好きだったのよ。
O	無表情だったふみ子さんが、正気に戻ったように明るい表情となった。
A	ふみ子さんが繰り返していた動作は、着物販売の仕事をしていたことと関係している可能性が高い。ふみ子さんの力を発揮してもらえるような機会につなげられないか。
I	施設では年に2回、着物の着付け教室を開いていることを話し、そのとき、ふみ子さんに手伝ってもらえないかと投げかけてみた。
S	私にできるかしら…。
A	戸惑いながらも穏やかな表情であり、着付け教室への参加は、意欲の向上につながると考えられる。
I	ふみ子さんなら大丈夫よ。
P	着付け教室で、ふみ子さんに手伝わせてもらえるよう、着付けの先生にお願いする。

ポイント
接続詞を用いなくても、支援の経過が把握できる

ポイント
項目IやSには、「」を使わずに本人や記録者の言葉をそのまま記載できる

ポイント
項目Aがあることで「着付け教室への参加」を勧めた根拠が明示される

ポイント
項目Pに今後の計画を記載することで、職員が共通した認識をもつことができる

解説 ▶

F-SOAIP〔エフソ・アイピー〕では、項目別に記録するため、接続詞を多用しなくても、支援の経過を可視化することができます。
また項目別に整理することで、実践の根拠（項目A）や今後の計画（項目P）など、叙述形式では漏れがちな内容も意識的に記録できます。

1 介護・保育・生活支援

2 回想法の実施

記録者 小規模多機能型居宅介護：介護職

場面概要（74 ページの続き）

　ふみ子さん（80 代、女性）は、帯を腰に巻こうとする反復動作が目立ち、表情が乏しいことが気がかりでした。そこで、長女に話を伺うと、反復動作の原因がわかりました。

　施設では、ふみ子さんの事情をふまえ、回想法を実施することにしました。以下は、ふみ子さんの娘の着物姿の写真を活用して回想法（初回）を実施した場面を記録したものです。

Before 叙述形式の経過記録

 ここが問題！ 記録者の対応や利用者の反応を一文にまとめている

問題点㋐
記録者の考えや利用者の様子が記録中に点在しているため、煩雑にみえる

問題点㋑
「浴衣の着付けを手伝ってほしいとお願いした」とあるが、それに対する反応が記されていない

> ふみ子さんの居室を訪ねた。
> 娘さんから借りていた着物姿の写真を見せて、「ふみ子さん、今日は懐かしいものをお見せしますね。この着物姿の写真、誰だかわかりますか？」と尋ねたところ、ふみ子さんは「まあ、きれいなお嬢さんだこと！　この着物はね…」と、帯を結ぶ動作をしながら、思い出話を続け、表情も豊かになっていった。
> ㋐写真に写っているのが娘さんであることはわからないようで、思い出話は娘さんのことには至らず、若い頃、デパートの着物コーナーで働いていたときの話に終始した。
> 回想法を通じて、ふみ子さんにしばしば見られていた㋐帯を腰に巻こうとする反復動作が、着物販売の仕事をしていたことと関係していると考えられた。
> 写真に写った着物姿を見てもらっただけでも、着物への関心を呼び起こすことができたので、着物に詳しいふみ子さんらしさを発揮できるような場面の演出が効果的かもしれない。また、娘さんをはじめ、家族の記憶も呼び起こすことができるとよい。
> そこで、ふみ子さんに次回は娘さんが写っている写真を持参することを予告し、夏祭りには浴衣の着付けを手伝ってほしいと㋑お願いした。
> ㋐今後は、家族の写真も活用しながら回想法を実施する。また夏祭りの際に、浴衣の着付けをお願いする。当日は失敗しないような配慮が必要。

1つの項目に当てはまる内容が複数ある場合、項目内で箇条書きにすると、わかりやすくなります。

After F-SOAIP を用いた経過記録

F…焦点 **S**…主観的情報 **O**…客観的情報 **A**…アセスメント **I**…介入・実施 **P**…計画

F	回想法実施
I	ふみ子さんの居室を訪ね、「今日は懐かしいものをお見せしますね。この着物姿の写真、誰だかわかりますか？」
S	「まあ、きれいなお嬢さんだこと！　この着物はね…」と、帯を結ぶ動作をしながら、思い出話を続け、表情も豊かになっていった。
O	・写真の女性が娘さんであることは認識できない。 ・思い出話は、娘さんのことには至らなかった。 ・思い出話は、若い頃、デパートの着物コーナーで働いていたときの話に終始した。
A	・帯を腰に巻こうとする反復動作と、着物販売の仕事での職業経験の関係が考えられた。 ・写真に写った着物姿を見てもらっただけでも、着物への関心を呼び起こすことができたので、着物に詳しいふみ子さんらしさを発揮できるような場面の演出が効果的かもしれない。 ・娘さんをはじめ、家族の記憶も呼び起こすことができるとよい。
I	今日は着物のお仕事をされていた頃のお話を聞けてとてもよかったです。次回はお嬢さんの写真をお持ちしてみますね。そうそう、夏祭りが近づいたので、浴衣の着付けを手伝ってもらえますか？
S	「うん、いいよ」と嬉しそう。
P	・家族の写真も活用しながら回想法を実施する。 ・夏祭り時に浴衣の着付けをお願いする。その場合、当日失敗しないよう配慮する。

ポイント
当てはまる内容が複数ある項目は箇条書きで示す

ポイント
記録者の対応や利用者の反応を示すことで計画（項目P）を立てた経緯がわかる

解説 ▶

Afterのように、箇条書きを用いて要約的にまとめると支援のポイントがわかりやすくなります。一方、利用者の変化などを強調したい場合には、時系列で記録すると、変化の経緯を端的に示せます（124～125ページ参照）。

第3章　場面編　生活支援記録法の実践例

3 利用者とのコミュニケーション

[記録者] 特別養護老人ホーム：介護職

場面概要

博さん（60代、男性）は、独り暮らしで、居宅介護サービスのほか、ショートステイをときどき利用しています。ショートステイでは、職員やほかの職員とも顔なじみになり、気さくに話す様子も見受けられます。

ショートステイで博さんを担当する介護職は、どのようなコミュニケーションをとったか、博さんの状態がどのように変化したかを記録しました。

Before 叙述形式の経過記録

ここが問題！ 「項目」欄から記録の概要が読み取れない

問題点㋐
「項目」欄が設定されているが、「事項」欄を読まなければ概要すらわからない

問題点㋑
利用者の反応や記録者が考えたことなどが混在している

問題点㋒
主語が省略されており、誰の発言かは文脈から推測しなければわからない

日時	㋐項目	事項
5/14 10:15	短期入所	施設迎えで入所する。 「杖はもう邪魔になる」とおっしゃり、歩行は安定しているので杖は持参していない。歩行時は見守りを行う。湿布薬は入浴後に貼付する予定。
5/14 11:20	短期入所中	居合わせた職員らの顔を見ると、「おっ」と㋑職員の顔、名前の認識あり。地域性・人間関係に関する㋑話をされる。気さくに㋑話をしてくれ、㋑緊張は感じられず笑顔もある。ユニット職員の顔ぶれはわかっており、職員とのなじみの関係性ができつつあると㋑感じる。 今回の利用は、受診後の入所であり、明日は午前退所のため、今日は午後からの入浴であると㋑説明すると、「いつもそうだ。デイサービスでは午前からだが、ここは泊まりでゆっくりだから、まずは休んで、午後のほうがよい」と㋑おっしゃる。ショートステイでの自分の過ごし方が㋑確立されつつあるようだ。
5/15 10:00	退所	朝食後に退所となる。㋒車中で、「みんな90歳以上で驚いた。俺なんか若いほうだ」と話す。ほかの利用者のことも気にかけている様子なので、次回もほかの利用者との交流を図る。

F-SOAIP を意識した書き方のPOINT

Before の記録のうち、「項目」欄は、「短期入所」「退所」といった場面を示しただけで、情報を読み取ることはできません。この欄を利用して、項目 F を立てると、「事項」欄の概要を知ることができます。

After F-SOAIP を用いた経過記録

F…焦点　**S**…主観的情報　**O**…客観的情報　**A**…アセスメント　**I**…介入・実施　**P**…計画

日時	F	事項
5/14 10:15	入所時の歩行状態	**S** 杖はもう邪魔だから使ってない。腰は少し痛いから湿布しているよ。 **O** 施設送迎にて入所。杖を使用せずに歩行できている。 **A** 腰痛の訴えはあるが、ふらつきはなく安定している。転倒への注意喚起が必要。 **I** 転ばないように気をつけてください。 **P** 杖の利用がないため、歩行時に見守りを行う。湿布は入浴後貼り替え。
5/14 11:20	利用への慣れ	**S** 居合わせた職員らの顔を見ると、「おっ」と職員の顔、名前の認識あり。地域性・人間関係に関する話をされる。気さくに話をしてくれ、緊張は感じられず笑顔もある。 **A** ユニット職員の顔ぶれはわかっており、職員とのなじみの関係性ができつつあると感じる。 **I** 今回の利用は、受診後の入所であり、明日は午前退所のため、今日は午後からの入浴であることを説明した。 **S** いつもそうだ。デイサービスでは午前からだが、ここは泊まりでゆっくりだから、まずは休んで、午後のほうがよい。 **A** ショートステイの生活に慣れてきているが、遠慮がないか適宜意向を伺うようにする。
5/15 10:00	ほかの利用者を気にかけながら退所	**O** 朝食後、施設送迎にて退所。 **S** 車中で、「みんな90歳以上で驚いた。俺なんか若いほうだ」と話す。 **A** ほかの利用者のことも気にかけている様子。 **I** 皆さんと楽しそうに過ごしていましたね。 **P** 次回もほかの利用者との交流を図る。

ポイント
「項目」欄に項目 F を記載することで、「事項」欄を読まなくても概要が把握できる

ポイント
叙述形式の記録では要約してしまいがちな利用者や記録者の発言も詳述できる

ポイント
項目 S に記すことで、主語がなくても利用者の発言だとわかる

解説 ▶

場面ごとに項目 F を立て、経過を項目 S、O、A、I、P で整理すると、読みやすく、またわかりやすい記録とすることができます。

4 生活支援員による金銭管理

[記録者] 社会福祉協議会：生活支援員

場面概要

精神障害をもつ誠さん（50代、男性）は、グループホームに入居しており、就労継続支援B型事業所に通所しています。

生活支援員が週1回訪問し、金銭管理を支援しており、通所中の話を聞くのが習慣となっています。

Before 叙述形式の経過記録

ここが問題！ 主語を省略しているため、誰の言動かを推測する必要がある

問題点㋐
主語を明確にしないままに、本人の様子や記録者が実施した内容を織り交ぜて記載している

問題点㋑
次回の訪問日程が具体的にいつなのかを読み取ることができない

日時／方法	支援経過
6/10 13:00 訪問	生活保護費の明細を確認のうえ、金融機関に同行し、㋐払い戻しを行いました。その後、グループホームの自室に戻り、生活費を予算立てし、㋐袋分けしました。袋分けのおかげで生活費が足りているとのこと。 就労継続支援B型事業所では、友達ができ、充実した㋐生活を送っているそうで、友達との会話や生活の様子を楽しそうに㋐話してくれました。生活支援員との信頼関係も生まれ、毎回このような日常の様子を㋐話してくれています。 ㋑次回の訪問日程を確認し、㋐退出しました。

F-SOAIP を意識した書き方のPOINT

記録の内容は、大きく「金銭管理」「生活支援員との信頼関係」の２つに分けることができます。項目Ｆが複数考えられる場合には、それぞれについて、関連する情報（項目Ｓ、Ｏ）、それに基づく記録者の判断や実践、計画（項目Ａ、Ｉ、Ｐ）に番号を振り、区別して記載することができます。

After F-SOAIP を用いた経過記録

F…焦点 **S**…主観的情報 **O**…客観的情報 **A**…アセスメント **I**…介入・実施 **P**…計画

日時 / 方法	支援経過
6/10 13:00 訪問	**F** ①金銭管理支援 ②生活支援員との信頼関係
	O ①金融機関にて払い戻し手続き後、自室にて生活費袋分け。 ②自室にて予算の袋分けをしながら笑顔で、就労継続支援Ｂ型事業所での話をしてくれる。
	S ①お金を袋分けするからちゃんと生活費が足りているよ。 ②就労継続支援Ｂ型事業所で友達ができたんだ。行くのが楽しい。
	A ①保護費を予算に合わせて自己管理することができている。 ②以前は会話が続かず、表情も硬かったが、最近は毎回、日常生活の様子を話してくれるようになった。支援員との信頼関係が築けていると思われる。
	I ①一緒に明細を確認し、生活費の予算立てと袋分けを行う。 ②就労継続支援Ｂ型事業所での取り組みや友人との交流の話を伺う。
	P ①次月も支援を継続する。7月12日訪問。 ②友人や仕事等生活の楽しみを伺う。

ポイント
項目Ｆに番号を振り、それぞれの番号ごとにSOAIPを整理する

ポイント
叙述形式の記録では要約してしまいがちな利用者の発言を詳述できる

ポイント
項目Ｐを丁寧に記すことで、ほかの職員も今後の予定を把握できる

※本例では、項目Ｆごとに文字の色を変えています

解説 ▶

叙述形式では、敬体（です・ます調）を用いることも多く、記録が冗長になりがちです。そのため、支援のポイントが複数ある場合であっても、それに気がつくのが難しいこともあります。経過記録は常体（だ・である調）でよく、またF-SOAIPでは箇条書きも併用できるので、ポイントだけを端的に示すことができます。

5 生活リハビリテーションの実施

[記録者] 特別養護老人ホーム：介護職

場面概要

特別養護老人ホームに入居している恵子さん（70代、女性）は、立位の保持が難しいため、日課としてリハビリを行っています。しかし、先週末はリハビリが休みだったこともあり、意欲が低下している様子です。

そこで、介護職は、これから恵子さんがリハビリで使用する介護ロボットHAL®（装着者の身体の動きをサポートする）を見せ、意欲を引き出すこととしました。

Before 叙述形式の経過記録

ここが問題！ 情報を「、」（読点）でつないでいるため、一文が長くなっている

問題点㋐
情報を読点でつなぐと、一文が長くなりやすい

問題点㋑
一文に記録者の考えや実施した内容が混在している

プログラム実施支援経過記録
本人は、「身体に力が入らないのよ」「私には無理かね」とのこと。㋐立位不良、膝の伸びが悪い、昨晩あまり寝つけず午前中も傾眠傾向、との申し送りあり。週末はリハビリがなかったため、継続して㋑リハビリを行う日課を忘れてしまい、意欲的になれないのではないかと考え、プログラムのうち、体操を中心に楽しんでもらった後、HALは実機を見てもらい、明日はこれを装着して次のステップに進みましょうと説明した。 毎週月曜日はプログラムスタートの意欲を高める声かけをし、本人の意欲状態に応じてHALを装着したリハビリは翌日火曜日からとする。

F-SOAIP を意識した書き方のPOINT

F-SOAIP では、本人や記録者の言葉を記録する際には、主語を省略することができます。また、箇条書きも併用できるため、一文を簡潔にまとめることができます。

After F-SOAIP を用いた経過記録

F…焦点　S…主観的情報　O…客観的情報　A…アセスメント　I…介入・実施　P…計画

日時 / 方法	プログラム実施支援経過記録
5/17 10:45 居室訪問	**F** プログラム参加へのモチベーション不良 **S** 身体に力が入らないのよ。私には無理かね。 **O** 申し送り内容 　・立位不良 　・膝の伸びが悪い 　・昨晩あまり寝つけず午前中も傾眠傾向 **A** 週末はリハビリがなかったため、継続してリハビリを行う日課を忘れてしまい、意欲的になれないのではないか。 **I** ・プログラムのうち、体操を中心に楽しんでもらった。 　・HAL は実機を見てもらった。 　・明日は HAL を装着して次のステップに進みましょう。 **P** 毎週月曜日はプログラムスタートの意欲を高める声かけをし、本人の意欲状態に応じて HAL を装着したリハビリは翌日火曜日からとする。

ポイント
項目 S に記すことで、主語がなくても利用者の発言だとわかる

ポイント
当てはまる内容が複数ある項目は箇条書きで示す

ポイント
述語がなくても記録者の「アセスメント」や「介入・実施」であることがわかる

解説 ▶

複数の法人や事業所が協働で新たな取り組みを実施する場合、経過記録を標準化しなければ、情報共有に不備が生じかねません。その点、F-SOAIP は、ポイントのみを端的に記録できるため、ほかの専門職が記録を読んだ際にも、利用者に関する情報を把握しやすく、また今後の支援の根拠とすることもできます。

第 3 章　場面編　生活支援記録法の実践例

6 ヒヤリハット報告書

[記録者] 小規模多機能型居宅介護：介護職

場面概要

幸子さん（80代、女性）は、ベッドと車いす間の移乗に際して、見守りや介助を必要としています。しかし、この日は自力で移乗しようとしたようで、介護職が訪室したところ、ベッドサイドに倒れている幸子さんを発見しました。幸子さんにけがなどはありませんでしたが、ヒヤリハット報告書に発見時の状況をまとめることとなりました。

Before 叙述形式のヒヤリハット報告書

ここが問題！ 登場人物ごとに情報が整理されていない

問題点㋐ 利用者等の発言は「とのこと」と表現しがちである

問題点㋑ 一文を簡潔にまとめているものの、記録者、利用者、夜勤・早番の職員の言動や考えが混在している

状況		7：00、様子を伺いに訪室すると、ベッド脇の床頭台に頭を向けて倒れていた。両手はP字バーにつかまっていた。意識はしっかりあり、痛みもない㋐とのこと。夜勤、早番の職員に連絡。複数名でベッドへ移乗した。頭は打っていない㋐とのこと。 体温 37.2℃、血圧 96/55。
本人への確認		本人「ずるずると滑って㋑落ちた。4時間もそのままだった」と、時間は長く㋑感じたよう。夜勤の職員が6時過ぎに臥床していたのを㋑確認している。駆けつけた早番の職員が確認したところ、手足も温かかったことから、転倒してから時間は経っていないと㋑思われる。 ベッドから車いすへの移乗は、ナースコールで呼んでもらい、見守りを㋑行っていた。特に朝は動きが悪くなることを本人も認識しており、慎重に㋑動いていた。内履きを履いておらず、膝折れがあった㋐とのこと。支える力がなく、ずるずると尻もちをついたと㋑思われる。 ナースコールで呼んでもらうよう話をしたところ、「届かなかった」㋐とのこと。いつもと同じ位置にナースコールのボタンはあったが、臥床していなければ難しかったと㋑思われる。
今後の対策	環境	滑り止めマットの使用は継続。ナースコールは届く範囲を広くするため、コードの長さを延長する。
	介助方法	ナースコールを使用してもらうようにする。朝は特に動きが緩慢になることから、転倒のリスクもあることを考え、予防的に対応する。

F-SOAIP を意識した書き方のPOINT

叙述形式の記録では、主語を省略すると、判断が難しくなります。一方 F-SOAIP では、項目 S には利用者（家族やキーパーソンの場合は続柄や関係を併記）、項目 I には記録者による言動を記すルールのため、主語を省略することができます。

After F-SOAIP によるヒヤリハット報告書

F…焦点　S…主観的情報　O…客観的情報　A…アセスメント　I…介入・実施　P…計画

F	ベッドから車いすへの移乗時の転倒（ヒヤリハット）
O	7：00、様子を伺うため訪室
	・ベッド脇の床頭台に頭を向けて倒れていた。
	・P字バーを両手でつかんでいた。
	・体温 37.2℃、血圧 96/55。
S	・意識はしっかりあり、痛みもない。
	・頭は打っていない。
I	夜勤、早番の職員とともに、ベッドへ移乗。
S	膝折れがあり、ずるずると滑って落ちた。4時間もそのままだった。
O	・夜勤の職員が6時過ぎに臥床していたのを確認している。
	・駆けつけた早番の職員が確認したところ、手足は温かった。
A	・時間は長く感じたようだが、転倒から4時間も経っていないのではないか。
	・支える力がなく、ずるずると尻もちをついたのではないか。
I	安全に移乗、移動できるようにナースコールで呼んでもらえますか。
S	そう思ったけど、届かなかったんです。
A	いつもと同じ位置にナースコールはあったが、臥床していなければ難しかったと思われる。
P	＜環境＞
	・滑り止めマットの使用は継続。
	・ナースコールは届く範囲を広くするため、コードの長さを延長する。
	＜介助方法＞
	・ナースコールを使用してもらうようにする。
	・朝は特に動きが緩慢になることから、転倒のリスクも考慮し、予防的に対応する。

ポイント
項目Fに「ヒヤリハット」と記載しておくことで、電子化した場合に、ヒヤリハット記録のみを抽出できる

ポイント
当てはまる内容が複数ある項目は箇条書きで示す

ポイント
項目SやIに記載することで、誰の言葉や考えであるのかを明示できる

ポイント
「環境」「介助方法」などの見出しを立てると、計画の内容が把握しやすい

解説 ▶

ヒヤリハットや苦情対応の報告書では、相手の主訴や周囲の環境など、必要な情報が整理されていることが重要です。F-SOAIP を用いて、それぞれの情報の区別がつく形で記録を残しましょう。

第 ③ 章　場面編　生活支援記録法の実践例

85

❶ 介護・保育・生活支援

7 遊び中の失禁対応

記録者 保育所：保育士

場面概要

　保育所に通う蓮君（1歳、男児）が友達と遊んでいるときに失禁をしてしまいました。保育士が「おしっこが出ちゃったのね」と言うと、蓮君が「違う…水…」と応えたことから自尊心が芽生え始めていることがうかがえました。

　以下は、そのことを保育士が記録した個人日誌です。

Before 叙述形式の個人日誌※

 ここが問題！ 同じような表現を繰り返し用いている

問題点㋐
「　」が連続しているが、児の訴えなのか、記録者の考えなのかが判断できない

問題点㋑
記録者がアセスメントをとおして感じたことがまとめられているが、内容の重複が目立つ

問題点㋒
今後記録者が児とどのようにかかわっていくか、計画が書かれていない

　食後、友達と遊んでいた蓮君。珍しくその場でお漏らしをしてしまい、黙って立ち尽くしてしまう。
　私が㋐「おしっこが出ちゃったのね」と言って拭いていると、「違う…水…」という返事。㋐「もうぼくは大きくなったんだ。だからほんとはおしっこなんて失敗したくなかったんだ…」と訴えたかったのだろう。蓮君の心に㋑大きくなった自分を主張したい自尊心が芽生えてきたことを感じた。
　そこで、私も㋐「そう、お水が出ちゃったのね」と言って拭きとり、着替えを手伝った。
　2〜3歳にかけ、子どもたちの心に㋐㋑「お兄ちゃんになった自分、大きくなった自分を認めて！」という思いが広がってくる。大人からそれを認められることで㋐「自分の気持ちが大切にされた」と感じ、㋒人の気持ちも大切にしたいという思いが、育っていくのだろう。

※保育所における記録には、①クラス全体の様子に着目した保育日誌、②個別の児童に着目した個人日誌、③保護者宛ての連絡帳などがあります。

F-SOAIP を意識した書き方のPOINT

- F-SOAIP は、保育所の個人日誌にも活用できます。個人日誌が項目ごとに整理されていれば、保護者に渡す連絡帳を書く際にも役立てることができるでしょう。
- アセスメントを通じて記録者が感じたことを叙述形式でまとめていくと、内容が重複したり、長文化してわかりにくくなったりしてしまうことがあります。項目ごとに整理し、重要なポイントを端的に示すことが大切です。

After F-SOAIP を用いた個人日誌

F…焦点　S…主観的情報　O…客観的情報　A…アセスメント　I…介入・実施　P…計画

F	失禁時に芽生えた自尊心への対応
O	食後、友達と遊んでいると、珍しくその場でお漏らしをしてしまい、黙って立ち尽くしてしまう。
I	「おしっこが出ちゃったのね」と言いながら拭きとる。
S	違う…水…。
A	・2～3歳児の「大きくなった自分を認めて！」という思い（自尊心）を認めることで、「自分の気持ちが大切にされた」と感じ、他人の気持ちを大切にしたいという思いを育むのだろう。
	・「おしっこなんて失敗したくなかった」と主張したい、蓮君に芽生えた自尊心を受けとめることが大切。
I	「そう、お水が出ちゃったのね」と、拭きとりながら着替えを手伝う。
P	今後も蓮君の成長が見えるような場面を保護者に伝えていく。

ポイント
重複しているように見えた情報を専門的な知見に基づく今後の対応の根拠として整理できる

ポイント
当てはまる内容が複数ある項目は箇条書きで示す

ポイント
計画を残すことで今後の支援や保護者との協働に役立てられる

解説 ▶

項目の意味の理解が必要なため、保護者向けの連絡帳に F-SOAIP をそのまま使うことはできません。しかし、保育日誌や個人日誌であれば、F-SOAIP を用いることは可能です。出来事が整理されていれば、保護者との情報共有にも役立てることができるでしょう。

8 食事拒否への対応

記録者 介護老人保健施設：介護職

場面概要

　明さん（80代、男性）は、当初、箸で食事をつまもうとしても、うまくつかめず、注意散漫になることも多くありました。そこで、介護職が食事を小分けにし、環境を整備すると、箸を使って70%程度摂取できるようになりました。

　しかし、それから1か月が経った頃、箸を投げ出すような様子がみられるようになり、40%程度しか摂取できない日も出てきました。

Before F-DAR（フォーカスチャーティング）を用いた経過記録※

F…焦点　**D**…データ　**A**…実施　**R**…反応

👆 **ここが問題！** 記録者・利用者の発言や考えに関する情報が書かれていない

問題点㋐

項目 D には、利用者の言葉も記載するが、観察して得られた情報のみとなっている

問題点㋑

項目 D として記載されているが、項目 A に相当する内容である

日時	F	経過
5/1 12:00	食事の環境整備が自力摂取を促した	**D** ㋐㋑ 配膳をして箸を持たせる。 **D** ㋐ 箸で食べようとするが、つまめない。 ㋐ 手をつかって食べようとするが、指がべたつく。 **D** ㋐ 汁物で指先をぬらす。 **D** ㋐ 上蓋の水滴が気になるのか箸でこそぎ落とす作業に夢中になり、食事に目が向かない。 **A** 主食と副菜を小分けにする。 **A** 食事に集中できるよう周りの物を撤去する。 **R** 箸を持って自分で食べる。70%程度の摂取。
6/1 12:00	介助で食べる	**D** ㋐ 配膳をして箸を持たせるが投げ出す。 **A** 再度のトライにも応じないため介助する。 **R** 主食・副菜ともに40%の摂取。

※ F-DAR（フォーカスチャーティング）を用いた経過記録では、F（Focus：焦点）、D（Data：データ）、A（Action：実施）、R（Response：反応）という4つの項目を用いて時系列的に記載します。Fの項目だけは、独立した欄に記載することになっています。

F-SOAIP を意識した書き方のPOINT

F-SOAIP は、主観的情報と、客観的情報を区別したり、アセスメントを明記したりする点で F-DAR と異なります。それぞれの記載方法の項目がもつ意味の違いに注意しましょう。

After F-SOAIP を用いた経過記録

F…焦点 **S**…主観的情報 **O**…客観的情報 **A**…アセスメント **I**…介入・実施 **P**…計画

日時	F	経過
5/1 12:00	食事環境整備による自力摂取の促し	**I** 配膳して箸を持ってもらう。 **O** ①・箸で食べようとするが、つまめない。 　　・手をつかって食べようとするが、指がべたつく。 　　・汁物で指先をぬらす。 　　②上蓋の水滴を箸でこそぎ落とす作業に夢中になり、食事に目が向かない。 **S** 「これ、どうなってるんだよ」と興奮気味。 **A** ①食欲はあるが、箸や食事の分け方が適していないのか。 　　②食事に集中できる環境が必要。 **I** ①すべりにくい箸を使って食べてみましょうか。 　　②・主食と副菜を小分けにする。 　　　・周りの物を撤去する。 **O** 箸を持って自分で食べる。70％程度の摂取。 **P** 食事環境を整備し、自力摂取を促す。
6/1 12:00	自力摂取拒否時の声かけ	**I** 配膳をして箸を持ってもらう。 **S** 今日は嫌。 **O** 箸を投げ出し、再度のトライにも応じない。 **I** 「後で力いっぱい歌えるように、少しでも食べましょうか」と、食事を介助。 **S** （笑いながら）しつこいから、食べてやるわ。 **O** 主食・副菜ともに 40％ の摂取。 **A** 拒否時の介助では、受け入れられる声かけが大切。 **P** 自力摂取を拒否する場合も、意欲となる声かけをしつつ、介助により食事摂取を図る。

ポイント
項目 F は、元の記録を体言止めに修正するだけでよい

ポイント
当てはまる内容が複数ある項目は箇条書きにし、数字で項目同士の関連性を示す

ポイント
記録者・利用者の発言や考えを追記することで、やりとりの様子を詳述できる

ポイント
やりとりを詳述すると、声かけによる利用者の変化が読みとれる

解説 ▶

F-DAR には、アセスメントの項目がありません。F-DAR の項目Aは、F-SOAIP の項目 I に相当しますので、注意が必要です。

9 服薬介助

記録者 定期巡回・随時対応型訪問介護・看護：訪問介護員（ホームヘルパー）

場面概要

節子さん（80代、女性）のもとへホームヘルパーが薬局で受け取った薬を届けに行きました。しかし、初めて処方された薬であったこともあり、服薬を躊躇(ちゅうちょ)する様子が見られます。

次の記録は、ホームヘルパーがそのときのやりとりを記録したものです。

Before 叙述形式の経過記録

ここが問題！ 記録者と利用者の会話が連続するばかりでアセスメント等の情報がない

問題点㋐
会話が連続しており、利用者の変化のきっかけが読み取れない

問題点㋑
対応の根拠となる記録者の考えやアセスメントの結果が書かれていない

日時 / 方法	支援経過
7/10 11:00 家庭訪問	訪問すると返事があり、すぐにドアを開ける。薬局で受け取った薬を渡そうとすると、「何の薬？」と㋐言う。「記憶がしっかりとする薬です。今回から新しく処方された薬ですね。先生から聞いていませんか」と㋐言うと、「先生、何も言っていなかったわ。何だか嫌だわ…」と㋐言う。 「節子さんのお身体が心配なので、飲んでいただけると嬉しいです。お部屋に上がって、お薬カレンダーを一緒に整理させていただけますか」と㋐言い、㋑肩に軽くタッチしてみたところ、「わかったわ」と㋐言い、お部屋にあげてもらえた。

F-SOAIP を意識した書き方のPOINT

Before のように、会話を並べていくと、やりとりを把握できる反面、利用者に変化をもたらしたきっかけなどを読み取ることはできません。具体的な対応とともに、その根拠となった考えを盛り込むことで、次の対応時に活用できる記録となります。

After F-SOAIP を用いた経過記録

F…焦点　S…主観的情報　O…客観的情報　A…アセスメント　I…介入・実施　P…計画

日時 / 方法	支援経過
7/10 11:00 家庭訪問	**F** 新規処方薬の受け渡し **S** 何の薬？　先生、何も言っていなかったわ。何だか嫌だわ。この薬は飲みたくない。 **O** 見慣れない薬に怪訝な様子。 **A** 言葉だけで服薬を勧めることは難しそう。受診時にスキンシップを通じてコミュニケーションがうまくいったことがあるため、薬の受渡しもスムーズにいくかもしれない。 **I** 「節子さんのお身体が心配なので、飲んでいただけると嬉しいです。お部屋に上がって、お薬カレンダーを一緒に整理させていただけますか」と声をかけ、肩に軽くタッチする。 **S** わかったわ。 **P** 服薬状況を定期的に確認する。

ポイント
記録者の考え（項目A）を盛り込み、対応の根拠を明示する

ポイント
時系列で整理することで、記録者の対応による本人の変化が読み取れる

解説 ▶

利用者に対する支援は、その場限りのものではなく、その後も継続していくものです。その場でのやりとりが忠実に記録されていることは大切ですが、支援の根拠となる専門職の判断などがなければ、次の支援に活用することは難しくなります。支援者の判断（項目A）→介入・実施（項目I）→利用者の変化（項目SやO）という流れを記録に残すことが重要です。

10 パニック状態の利用者への対応

記録者 障害者支援施設：生活支援員

場面概要

　将太さん（20代、男性）は、通所の作業所を利用しています。ある日、作業中に突然大声を出し、興奮状態となりました。見守っていると、隣の席に座っていた利用者・祐樹さんを叩いたため、声をかけ、制止しようとしますが興奮は収まりません。複数の指導員に、送迎職員も加わり、ようやく制止することができました。

　次の記録は、対応した生活支援員によるものです。

Before 叙述形式の経過記録

ここが問題！ 状況や利用者の様子などの情報が整理されておらず、判断が難しい

日時 / 方法	支援経過
11/22 15:00 作業中の対応	見学者が来所し、作業室内にて作業説明を行っていた。突然見知らぬ人が訪問したことがきっかけかは不明だが、自席にて、突然の興奮とともに「わー！　わー！」と大声を出し始める。㋐㋑声かけすると、さらに興奮が強くなることが予想されたため、見守っていると、隣の席の祐樹さんの右手を叩いたので、声をかけて制止する。 その後も興奮は収まらず、席を立って㋑祐樹さんのところへ行き、右手を叩いたため、生活支援員とともに本人の腕をもち、制止した。しかし、興奮は強くなるばかりで、制止を振りほどこうとする。安全確保のため、ほかの利用者に離れるよう声をかける。 しかし、5分ほど経っても興奮が収まらないため、送迎職員2名を呼んでもらい、制止に加わってもらったところ、落ち着いてきた。 10分ほど強い興奮が続いた。落ち着いてから㋑本人に人を叩く行為について指導を行うと、「ごめん。もうしない」と謝罪の言葉がある。自宅に連絡し、祖父に送迎を依頼。

問題点㋐
状況や実施した内容、アセスメントの結果など、多岐にわたる情報が入り乱れるため、理解に時間がかかる

問題点㋑
叩かれた利用者の表情や様子、利用者本人に対する具体的な指導の内容などの情報が書かれていない

F-SOAIP を意識した書き方のPOINT

多数の人物がさまざまなかかわり方をする場面の記録は、煩雑になりやすいものです。そのため、必要な情報が欠落していても、記録者自身では気がつけないことがあります。F-SOAIP で整理してみると、不足している情報などに気がつくきっかけとなるでしょう。

After F-SOAIP を用いた経過記録

F…焦点　S…主観的情報　O…客観的情報　A…アセスメント　I…介入・実施　P…計画

日時 / 方法	支援経過
11/22 15:00 作業中の 対応	**F** パニック状態から落ち着きの取り戻し **O** 見学者来所後、自席にて興奮と大声。隣の席の祐樹さんの右手を叩き、続いて学さんの右手を叩く。生活支援員や送迎職員2名とともに制止するも興奮は収まらず、10分ほど継続。 **O** （祐樹さん、学さん）叩かれて一瞬不快な表情をしたが、黙々と作業を続けていた。 **A** きっかけは不明だが、ふだんいない見学者の来所がきっかけの可能性もある。安全確保のために制止が必要。 **I** 声かけもするが収まらず、ほかの利用者に離れてもらい、送迎職員2名とともに制止する。落ち着いてきたところで、「他者にけがをさせるような行為は絶対にしてはならない」と指導する。 **S** ごめん。もうしない。 **P** 祖父に連絡。状況を説明し、帰宅の送迎を依頼する。

ポイント
叩かれた利用者の表情や様子に関する情報は、今後の利用者同士の関係性を考えるうえで欠かせないため、必要な範囲で記載する

ポイント
指導内容を具体的に示す

解説 ▶

同じ場面の記録であっても、記録者が何に着目したのかによって記録の内容は異なります。この場面は、将太さんの行動に着目した経過記録のため、叩かれた利用者（祐樹さん、学さん）の様子は一文を追加したのみです。ほかの利用者の様子は、それぞれの利用者の経過記録に記載します。

第3章 場面編 生活支援記録法の実践例

Column

介護福祉士養成教育と生活支援記録法の親和性

伊藤明代
（大阪健康福祉短期大学介護福祉学科）

　私は大学で介護福祉士の養成・教育を担っています。学生に生活支援記録法の手法を伝え、介護実践などの記録方法を変更したところ、約1年の間にさまざまな変化が起こりました。ここではその変化をまとめたいと思います。

①学内：記録指導の視点が明確に

　毎日の介護日誌や、介護過程の展開における介護実践の記録方法を叙述形式から生活支援記録法へ変更しました。それにより、学生の記録は項目ごとに整理され、読みやすく、教員間で記録についてディスカッションする機会も増えました。

　また、記録指導の視点が明確になりました。学生自身も「この項目Fはどのように考えればよいか」「項目Oが少ない」など、自分の記録を客観的に分析できるようになり、リフレクションの視点が向上しました。

②実習施設：介護の質向上への寄与

　学生の実習中、カンファレンスの場で実習指導者から「わかりやすい。この記録方法を教えてほしい」といった反応がありました。なかには、現場の介護の質向上につながると、施設長が直々に声をかけてくださったところもあります。今後はそうした施設を対象にした研修も行っていく予定です。

③今後の教育ビジョン：地域とともにグローバルな学生教育

　昨今、養成校に通う学生の多くを外国人留学生が占めるようになりました。「介護福祉士養成における地域連携教育のあり方」をテーマとした、2019年度第26回日本介護福祉教育学会では、当事者（高齢者や障害のある方）とのかかわりを通じて、実践的な能力を養う学生教育が求められていると報告がなされています。

　生活支援記録法の6項目（F、S、O、A、I、P）には、英語が用いられており、外国人介護士がみてもわかりやすいものでしょう。また柔軟性にも富んでいるため、多様な社会のコミュニケーションツールの軸となる可能性を秘めていると私は考えます。

2 ケースマネジメント

2 ケースマネジメント

1 契約の支援

記録者 社会福祉協議会：日常生活自立支援事業専門員

場面概要

　知的障害がある陽子さん（50代、女性）の身の回りの世話は、近隣在住の叔母がしていましたが、継続が難しくなりました。

　そこで、民生委員の紹介で日常生活自立支援事業の利用を勧めることを目的に、民生委員とともに日常生活自立支援事業専門員が家庭訪問をしました。

Before 叙述形式の経過記録

 ここが問題！ 2つの支援内容を1つの記録にまとめているため、記録が複雑になっている

問題点㋐
2つの支援内容を1つの記録にまとめているため、区別が難しい

問題点㋑
「記録者の判断」「本人の意向」「今後の進め方」の記載が漏れている

日時/方法	支援経過
12/22 14:30 家庭訪問 （民生委員の同席）	㋐事業説明を行う。素直な性格で、一生懸命聞いており、生活保護受給にあたって、そのお金の使い方についてお手伝いすることを話すと、本人は「お願いします」と緊張しながら頷いた。利用申込書は、㋑見本を見ながら時間をかけて書き上げることができた。 ㋐金銭管理については、本人は今まで、1回も銀行に行ったことがなく、買い物もほとんどしたことがないため、一人で生活していくのに不安な様子が見受けられた。民生委員からの勧めもあって、身の回りの世話はホームヘルパーに㋑お願いすることになった。

F-SOAIP を意識した書き方のPOINT

叙述記録には、「日常生活自立支援事業の利用による金銭管理」「訪問介護による身の回りの世話」という 2 つの支援内容が記されています。それぞれについて、項目 F を立て、本人の意向や今後の進め方などを補足してみましょう。

After F-SOAIP を用いた経過記録

F…焦点　S…主観的情報　O…客観的情報　A…アセスメント　I…介入・実施　P…計画

日時 / 方法	支援経過
12/22 14:30 家庭訪問 （民生委員 の同席）	**F** ①日常生活自立支援事業の勧め　②訪問介護利用の勧め
	S ①今まで 1 回も銀行へ行ったことがなく、金銭管理に不安を抱えている。
	②買い物をほとんどしたことがないため、一人での生活に不安を抱えている。
	O ②叔母による身の回りの世話が難しくなって以降、足元にチラシが散らばっていることが増えた。
	O（民生委員） ②生活援助の利用を提案。
	I ①日常生活自立支援事業は、生活保護受給にあたり、お金の使い方をお手伝いするものです。
	②ホームヘルパーによる身の回りの世話を受けるとよいでしょう。
	S ①時間をかけて、見本を見ながら利用申込書を書き上げる。
	②支援を受けられることに安心した様子で「わかりました」。
	A ①日常生活自立支援事業の契約能力あり。
	I ①申請後、契約締結の判定を待つことになります。
	S ①緊張した様子で「お願いします」と頷いた。
	P ①来週までに契約締結判定会議を開催する。
	②障害者相談支援事業所に連絡する。

ポイント
支援内容ごとに項目 F を立てて整理する

ポイント
他職種による「介入・実施」は、O（職種名）として表記する

ポイント
発言に伴う利用者の様子は、項目 S にまとめて記載する

ポイント
本人の意向は項目 S、今後の進め方は項目 P として記載する

※本例では、項目 F ごとに文字の色を変えています

解説 ▶

項目 S として記載されている「安心した様子で『わかりました』」「緊張した様子で『お願いします』と頷いた」のうち、「安心した様子」「緊張した様子」は項目 O（客観的情報）にあたる内容です。しかし、主な内容は、本人の応答であることから項目 S として記載します。

2 サービス拒否への対応

[記録者] 居宅介護支援事業所：介護支援専門員（ケアマネジャー）

[場面概要]

認知症がある豊さん（80代、男性）は独居で訪問介護を利用しています。隣町には長男も住んでおり、月に数回、豊さん宅を訪問しています。

体調が優れない様子の豊さんを心配した長男は、ケアマネジャーに相談。長男、ホームヘルパー同席のもと、ショートステイの利用を勧めることとなりましたが、泥棒が入ることを理由に豊さんはサービスの利用を拒否します。

Before 叙述形式の経過記録

[ここが問題！] 利用者の具体的な発言内容が読み取れない

問題点㋐
情報が話題ごとに整理されていないため、煩雑にみえる

問題点㋑
利用者の膝痛について、具体的にどのような痛みがあり、どのような状態なのかが記載されていない

問題点㋒
「デイサービスの回数を増やす」と提案した根拠が読み取れない

ご自宅に訪問。本人在宅。長男同席。ホームヘルパー同行。
笑顔で快く自宅に招き入れてくれたが、㋐少し興奮された様子で「泥棒」の話をし始めたため傾聴した。次第に落ち着かれたので、㋐㋑体調面や自宅での生活の様子についてお聞きした。最近両膝の内側に痛みがあり、歩行が不安定になっているとのこと。定期的に受診されているが、体重の増加があり、前回の検査ではヘモグロビン A1c が高かったと、同行のヘルパーから報告があった。泥棒の話は長男も何回も聞いているが、そのような事実はなかった。お泊りのサービスを定期的に利用して規則正しい生活をしてほしいと希望しているが、本人にショートステイの話をすると「泥棒が入るから」と強く拒否されてしまうとのことである。
㋒デイサービスの回数を増やすことを提案したところ、同意された。

F-SOAIP を意識した書き方のPOINT

認知症がある利用者の対応においても、利用者の言葉を記録しておくことは大切です。たとえば、記録者の対応によって、利用者に何らかの変化がみられた場合、その対応とそこに至った経緯を残しておけば、次の支援に活かすことができます。

After F-SOAIP を用いた経過記録

F…焦点　S…主観的情報　O…客観的情報　A…アセスメント　I…介入・実施　P…計画

F ①不規則な生活への介入　②膝の痛みへの対応

S ①少し興奮した様子で「いつも決まった時間に泥棒が入って、宝石を盗むんだよ。だから家は空けられない。ショートステイは嫌だ」。

②散歩をしたいが、両膝の内側にズキズキとした痛みがあり、あまり歩けない。転ばないように気をつけている。

S（長男） ①泥棒の話は何回も聞いているが、実際に泥棒が入ったことはない。

②ショートステイを定期的に利用して、規則正しい生活に慣れてほしい。

O ①泥棒の話は以前からあったが、少しずつ内容が違ってきている。警察を呼んだことが数回あった。

O（ホームヘルパー） ②体重の増加があり、定期受診での検査結果が高い（ヘモグロビンA1c高値）。

A ①認知症の影響で「泥棒が入る」と認識し、家にいなければならないと感じているようである。

②検査の数値が高くなった原因は、両膝の痛みによる運動量の減少かもしれない。本人は転倒への不安を抱いている。

I ①それでは、家を離れるのはやめたほうがいいですね。

②運動の機会を増やすために、デイサービスの回数を増やしてはどうでしょうか。

P ①ショートステイについては、泥棒のことを思い出させるため、今のところ話題に出さないようにする。

②デイサービスの回数を増やし、運動量を増やす。

※本例では、項目Fごとに文字の色を変えています

ポイント
支援内容ごとに項目Fを立てて、整理する

ポイント
利用者や家族の発言は項目Sとして記載する

ポイント
判断の根拠となる過去の出来事は、項目Oとして記載する

ポイント
検査結果などの情報を項目Oとして具体的に示す

ポイント
はたらきかけを項目I、その根拠となる記録者の考えを項目Aとして記載する

ポイント
今後の計画は項目Pとして記載する

解説 ▶

記録者の判断や解釈を指して、「主観を書かないように」といわれることがあります。しかし、記録者の判断や解釈は、支援の根拠を表す重要な情報であり、これを書かないと、「なぜ支援を行ったか」が読み取れない記録となってしまいます。専門職によるアセスメントとして、項目Aに記録するようにしましょう。

3 デイサービスの追加利用促進

記録者 居宅介護支援事業所：介護支援専門員（ケアマネジャー）

場面概要

　由美さん（70代、女性）は、同居している次男による経済的搾取が疑われています。長男とは絶縁状態にあるため、由美さん自身は「次男との関係を断ち切りたくない」と話します。ケアマネジャーは、このような家族関係を確認しつつ、由美さんが安心して生活できるよう必要なサービスを利用できるようにしたいと考え、家庭訪問を行いました。

Before 叙述形式の経過記録

 ここが問題！ 主語が記されていないため、発言や考えが誰のものかを判別しにくい

問題点㋐
主語が省略されており、誰の発言かは文脈から推測しなければわからない

問題点㋑
話題が多岐にわたり、ポイントがわかりにくい

問題点㋒
同意の様子（表情など）が記載されていない

日時／方法	支援経過
6/20 13:00 家庭訪問	未払いになっている医療費について尋ねると、㋐「次男の保険解約金が入れば何とかするわ。デイは疲れるし、やめてもいい。ホームヘルパーさんにときどき来てもらえればいいわ」とのこと。 生活費が逼迫している様子で、㋑治療が必要だが通院していない。現在は、週3回のデイサービスのみ利用している。 自己決定を尊重したいが、未払いの医療費支払いを、保険解約による返戻金に頼ろうとするのは根本的な解決につながらない。 また、由美さんは体調に不安があるにもかかわらず、医療費の未払いを理由に通院を躊躇しているが、㋑通院の再開が必要。㋑デイサービスの中止によって、生活が不活発になるリスクを説明しておきたい。㋑ホームヘルプサービスの利用については、経済面を考慮する必要あり。 そこで、㋐「保険のお金に頼らなくても通院を再開できるよう、次男さんと話し合えたらいいですね。しばらく通院されていないようなので、主治医に診てもらえると安心ですね」と、当面の通院を勧めた。また、週2回のデイサービスと週1回のホームヘルプサービスの利用を勧めたところ、㋒同意された。 次男と医療費の支払いについて相談し、ホームヘルプサービスの利用再開を手配することとした。

F-SOAIP を意識した書き方のPOINT

利用者とのやりとりでは、話題が多岐にわたることも珍しくありません。それらを1つの記録内にまとめてしまうと、伝えたいことが伝わらない記録となりかねません。項目Fを複数立てるなどの工夫が必要な場合もあります。

After F-SOAIP を用いた経過記録

F…焦点　S…主観的情報　O…客観的情報　A…アセスメント　I…介入・実施　P…計画

日時 / 方法	支援経過
6/20 13:00 家庭訪問	**F** 医療費未払いへの対応 **I** 未払いになっている医療費は、いつ払えそうですか。 **S** 次男の保険解約金が入れば何とかするわ。 **O** 生活費に困っている。 **A** 自己決定を尊重したいが、未払いの医療費の支払いを保険解約による返戻金に頼ろうとするのは根本的な解決につながらないので、再考を促す必要がある。 **I** 保険のお金に頼らなくても通院できるよう、次男さんと話し合えたらいいですね。しばらく通院していないようなので、主治医に診てもらえると安心です。 **P** 次男と医療費の支払いについて相談する。
	F ホームヘルプサービス利用の促進 **S** デイは疲れるし、やめてもいい。ホームヘルパーさんにときどき来てもらえればいいわ。 **O** 現在は、週3回のデイサービスのみ利用している。 **A** ・デイサービスの中止によって、生活が不活発になるリスクを説明しておきたい。 　・ホームヘルプサービスの利用については、経済面を考慮する必要がある。 **I** デイサービスを週2回、ホームヘルプサービスを週1回利用するのがよいと思いますよ。 **S** 嬉しそうな笑顔で「じゃあ、お願いね」。 **P** ホームヘルプサービスの新規利用を手配する。

ポイント
支援内容ごとに項目Fを立てて、整理する

ポイント
項目Sに記すことで、主語がなくても利用者の発言だとわかる

ポイント
当てはまる内容が複数ある項目は箇条書きで示す

ポイント
発言内容とともに、表情などを記載することで、同意の様子が伝わりやすくなる

解説 ▶

項目Fは、1つにまとめることが基本です。しかし、この場面のように、話題が複数あり、さらにそれらの関連性がうすい場合には、例外的に項目Fを複数立てることで、経過をわかりやすくまとめることができます。

第**3**章

場面編　生活支援記録法の実践例

4 介護負担軽減に向けた対応

[記録者] 居宅介護支援事業所：介護支援専門員（ケアマネジャー）

[場面概要]

恵さん（80代、女性）は、長男と同居しています。恵さんの介護は長男が担っており、恵さん自身も落ち着いた様子ですが、前任者からは、長男から介護の負担に関する訴えがあり、ときには恵さんを大声で責め立てる場面もみられた、との申し送りがありました。

ケアマネジャーは恵さん宅を訪問し、月１回程度利用している１泊２日のショートステイの利用について、恵さん、長男と話をしました。

Before 叙述形式の経過記録

[ここが問題！] 記録者が実施したことと今後行うこと（計画）の判別が難しい

問題点㋐
本人の様子や家族への対応などが混在している

問題点㋑
記録者が実施したことと今後行うことの判別が難しい

日時／方法	支援経過
9/13 10:30 家庭訪問	家庭訪問したところ、長男より「月１回程度、１泊２日のショートステイを利用するのは、母にとって落ち着かないのではないか、と心配している」との訴えあり。恵さんは、「(ショートステイは）大丈夫よ、何も問題ないわ」と話している。㋐体調も安定しているように見える。 一方、長男の訴えからは、自分が母を看ていきたいが、そこから逃れたいという相反する㋑気持ちが伝わってくる。そこで、長男が安心できるよう㋐㋑ショートステイ中の様子を話した。今回の訪問時には、長男からの虐待は見受けられない。 今後も長男へショートステイ先での様子を㋑詳しく伝える。またショートステイの利用回数は、恵さん本人の気持ちが大事であることを㋐㋑説明し、親子での㋑話し合いを勧めた。

F-SOAIP を意識した書き方のPOINT

F-SOAIP を活用できる記録様式は、数多くあります。下記のように、記録者の思考である項目 A と項目 P が別欄になった様式を使用すると、思考と実践の過程を区別して記録できます。

After F-SOAIP を用いた経過記録

F…焦点　S…主観的情報　O…客観的情報　A…アセスメント　I…介入・実施　P…計画

日時 / 方法	支援経過	A&P
9/13 10:30 家庭訪問	**F**　長男の心配への対応 **S（長男）**　月1回程度、1泊2日のショートステイを利用するのは、母にとって落ち着かないのではないか、と心配。 **S**　（ショートステイは）大丈夫よ、何も問題ないわ。 **O**　恵さんの体調は安定。 **I**　①長男に対して、ショートステイ先での様子について話をする。 ②ショートステイの利用回数は、本人の気持ちが大事なので、親子で話し合ってみることを勧める。	**A** ①長男の訴えからは、自分が母を看ていきたいが、そこから逃れたいという相反する気持ちが伝わってくる。長男に対しても安心できるような支援が必要。 ②本人はショートステイに満足している様子。 ③訪問時には、長男からの虐待は見受けられない。 **P**　今後も長男へショートステイ先での様子を詳しく伝えることが必要。

ポイント

「支援経過」欄に記録者が得た情報（項目 S、O）や実施した内容（項目 I）、「A&P」欄に記録者の考えと計画をまとめることで、実際にどこまでを行ったかがわかりやすくなる

解説 ▶

発言や表情など、項目 S、O、I の相当する情報は、その場に居合わせた誰もが共有する情報です。一方、項目 A と P は、記録者だけが把握している情報です。そのため、このような記録様式を用いることは、記録が読みやすくなるだけではなく、開示が必要になった際に項目 A や P を開示の対象から容易に外すことができるというメリットもあります。項目を選択して表示できる電子記録では、こうした記録様式の工夫は不要ですが、手書きの場合には有効な様式です。

5 興奮状態への対応

記録者 障害者支援施設：相談支援員

場面概要

　知的障害がある遥さん（30代、女性）は、障害者支援施設に入所しています。

　ある日、相談支援員は、掃除の時間に遥さんが利用者の大輔さんと言い合いをしている場面に遭遇しました。その場で仲裁に入りましたが、遥さんはなかなか気持ちが落ち着きません。そこで、ほかの利用者がいない場所へ移動してもらい、経緯と事情を伺いました。

Before 叙述形式の経過記録

👆ここが問題！ 2つの場面を1つの記録にまとめているため、記録の要点がわかりにくくなっている

問題点㋐
利用者とのやりとりの経緯がわかる記録ではあるものの、読点を多用しており、読みづらい

問題点㋑
「そこで」以降は、本人を諭す別場面であるにもかかわらず、1つの記録内にまとめられている

問題点㋒
記録者の対応の根拠となるアセスメントの結果が記録されていない

日時	支援経過
2/13 15:00	食堂の掃除中、遥さんと大輔さんが言い合いをしている。二人に対して、掃除の時間だから静かにするよう伝える。㋐大輔さんは黙って掃除を始めたが、遥さんは「うるさいなあ」などと言いながら、なかなか気持ちの切り替えができないようだったので、前日、遥さんに頼まれて修繕したばかりのバッグを引き合いに出して、「きちんとできない人の頼みは聞けませんが、それでいいですか？」と叱ってみる。「ごめんなさい、でも掃除なんかやんない！」と近くのゴミ箱を蹴飛ばしてしまった。 ㋑そこで、静かな場所へ連れて行き、「大輔さんから何か言われたの？」と聞くと、「私のこと、お前って言うんだもん」と言うので、「そうだったのね。そういうときはどうしたらいいの？」と聞くと、少しハッとした表情になり、「気にしない」と言う。「㋒嫌なことを言われても、気に留めないでいられるようになれば、イライラすることもなくなるんだよ。大輔さんにも他人の嫌がるようなことは言わないように言っておくからね」と言うと、頷きながら「はい」と返事をし、仲のよいグループに加わり、掃除を再開した。

F-SOAIP を意識した書き方のPOINT

Before の記録では、「口論の仲裁」「利用者への指導」という 2 つの場面を 1 つの記録にまとめています。対応場面が異なる場合、それがわかる形で記録を残さなければ、情報が入り組み、わかりにくい記録となってしまいます。

After F-SOAIP を用いた経過記録

F…焦点　S…主観的情報　O…客観的情報　A…アセスメント　I…介入・実施　P…計画

日時	支援経過
2/13 15:00	**F** ほかの利用者への立腹
	O 食堂の掃除をしないで大輔さんと言い合いをしており、職員の注意を聞き入れない。
	S うるさいなあ、なんでやらなきゃいけないんだ。
	A 気持ちの切り替えができない様子だったので、修繕依頼を受けているバッグの件を引き合いに出すこととする。
	I きちんとできない人の頼みは聞けない。
	S ごめんなさい、でも掃除なんかやんない。
	O 謝罪後に近くのゴミ箱を蹴飛ばす。
	P 興奮状態が続くため、場所を移して本人と話をする。
2/13 16:00	**F** 本人の言い分と対応
	O 静かな場所で本人と話し合いをする。
	S 私のこと、お前って言うんだもん。
	A 嫌なことを言われたことで、立腹してしまったようである。先程と異なり、落ち着いているため、本人の理解を得られると思われる。
	I 嫌なことを言われても、気に留めないでいられるようになれば、イライラすることもなくなるんだよ。大輔さんにも他人の嫌がるようなことは言わないように言っておくからね。
	S はい。
	O 仲のよいグループに加わって掃除を再開。
	P 他者との交流の様子を見守っていく。

ポイント
場面（時制）が異なるときは、項目Fを2つに分ける

ポイント
対応の根拠（項目A）を記載する

解説 ▶

1 つの対応場面で話題が複数ある場合には、項目Fに①、②と番号を振り、関連する項目S、O、A、I、Pを整理する方法（80 〜 81 ページほか参照）が有用ですが、場面が異なる場合には、記録を 2 つに分けるとわかりやすくなります。

第3章　場面編　生活支援記録法の実践例

105

6 ゴミ屋敷への対応

[記録者] 地域包括支援センター：社会福祉士

場面概要

麻耶さん（60代、女性）の自宅は、ゴミ屋敷化しているため、近隣からの苦情が絶えません。麻耶さんと地域包括支援センターは、ゴミを自力で片づける約束をしていましたが、期日を過ぎても片づく様子はありません。

そこで、地域包括支援センターの社会福祉士、相談支援事業所の相談支援専門員とともに麻耶さんのもとを訪れ、今後の対応を相談しました。

Before 叙述形式の経過記録

ここが問題！ 支援者の対応と利用者の反応を一文にまとめているため、記録が複雑になっている

問題点㋐
述語が連続し、冗長にみえる

問題点㋑
利用者等の発言は「とのこと」と表現しがちである

問題点㋒
相談支援専門員が主語だが、続く一文の内容の多くは利用者の発言である

（地域包括支援センター・社会福祉士）
・㋐約束していた片づけの期日を迎えたこと、現時点でも家の外に物が溢れていることを挙げ、片づけに応じてもらう必要があると伝える。
（本人）
・「片づけは少しずつやっている。あと2～3日あればできる」㋑とのこと。
㋒（相談支援事業所・相談支援専門員）
・すぐ片づけるよう促すも、本人は「自分でやる」「あと少しでできると思う」と繰り返し、話は平行線。
（地域包括支援センター・社会福祉士）
・前回の話し合いで、今月を期限とし、それでも片づかない場合は市も手伝うということで同意した。
・納得して約束した以上、それを守らなければならないのではないか。
（本人）
本人より「わかりました」㋑とのこと。
9月16日に、市の手伝いで片づけをすることとなった。

F-SOAIP を意識した書き方のPOINT

Before の記録は、発言者ごとに箇条書きで記載されています。しかし、相談支援専門員のはたらきかけとそれに対する利用者の反応が一文にまとまっているため、整理が必要です。項目内での箇条書きはそのまま活かし、不要な主語や述語を省略して書き換えてみましょう。

After F-SOAIP を用いた経過記録

F…焦点　S…主観的情報　O…客観的情報　A…アセスメント　I…介入・実施　P…計画

> **F** 片づけへの応諾
> **O** 片づけが実施されていない。
> **S** 少しずつやっている。あと2～3日あればできる。
> **O（相談支援専門員）** 片づけに応じてほしい。 ●━━━
> **A** 話は平行線。約束を守ることの大切さだけでなく、地域住民の一員であることを理解してもらう必要がある。
> **I** ・前回の話し合いで、今月を期限とし、それでも片づかない場合は市も
> 　手伝うということで待ってもらっていた。
> 　・納得された以上、それを守ってほしい。
> **S** わかりました。
> **P** 9月16日に、市の手伝いで片づけをすることとなった。

> **ポイント**
> 他職種による「介入・実施」はO（職種名）として表記する

解説 ▶

Before のように箇条書きで記録することに慣れている場合、容易にF-SOAIP を導入することができるでしょう。項目内で箇条書きをする場合、「・」のほか、①、②と番号を振る方法もあります。また F-SOAIP では、項目ごとに整理するため、叙述形式の記録では欠落していた項目に気がつくことができます。

7 体調不良への対応

[記録者] 居宅介護支援事業所：介護支援専門員（ケアマネジャー）

場面概要

和也さん（80代、男性）が利用している居宅介護支援事業所では、記載した内容を地域の多機関でリアルタイムに共有できる電子記録システムを導入しています。

ケアマネジャーが和也さん宅を訪問したところ、「このところ下痢が続いている」との訴えを受けました。そこで、ケアマネジャーはこのシステムを利用し、主治医や担当の看護師への報告も兼ねた支援経過記録を作成しました。

Before 叙述形式の経過記録

ここが問題！ 本人の訴えを受けて記録者がどう対応したかが読みとれない

問題点㋐
「ので」「ところ」などの表現を多用し、一文が長い

問題点㋑
本人の訴えを受けた記録者がどのような提案をし、どのように対応したかなど、不足している情報が多い

本日の訪問時に本人が「このところ下痢が続いているので心配だ」とおっしゃった㋐ので、どのように続いているのかとお聞きした㋐ところ、「お腹の痛みはそんなには強くない㋐けれど、朝早くから水のような下痢が3回続いているんだよ。さっきは間に合わなくて、パンツを汚しちゃって参った。朝から、水分を控えているのに困っちゃうよ」㋐とのことでした㋐ので、腹部を温めて安静にして、水分を少しずつでも摂取するようにお話ししました。㋑下痢の原因に心当たりはないそうです。

F-SOAIP を意識した書き方のPOINT

Beforeの記録には、項目Aに相当する内容の記載が見られません。しかし、記録者が何らかの対応（項目I）をするときは、必ずその根拠となる情報（項目S、O）や判断（項目A）があるはずです。これらを漏れなく記載することで、他者も記録場面の状況をイメージしやすくなります。

After F-SOAIP を用いた経過記録

F…焦点 S…主観的情報 O…客観的情報 A…アセスメント I…介入・実施 P…計画

F	今朝から続いている下痢症状への対応
S	下痢が続いているので心配だ。パンツを汚しちゃって参った。下痢の原因は心当たりないなぁ、こんなことは初めてだよ。
O	・早朝より水様便が3回続いており、水分を控えている。 ・軽度の腹痛があり、朝から続いている。 ・吐き気やおう吐、口渇の自覚症状はない。 ・訪問中、笑顔は見られなかった。
A	・下痢が続き、不安そうな様子あり。水分摂取量の低下で脱水状態になる可能性あり。 ・排泄の失敗から自信を喪失する可能性が考えられる。
I	・脱水予防のため、少しずつでも水分の摂取を促す。 ・症状緩和のため、安静と腹部を温めるように助言する。 ・下痢のときの排泄の失敗は誰にでもあることと話し、入院時に使用していたリハビリパンツやパットの一時的な利用を提案する。
P	訪問時の様子を長女、医師・訪問看護師に報告する。

ポイント
利用者の発言をそのまま記載できるため、利用者の訴えをより強調できる

ポイント
当てはまる内容が複数ある項目は箇条書きで示す

ポイント
記録者のはたらきかけ（項目I）の根拠となる判断や考えは項目Aとして記載する

ポイント
提案の内容や対応など、叙述形式の記録で漏れがちな情報も意識的に残すことができる

解説 ▶

叙述形式の経過記録と、F-SOAIPを用いた経過記録とを見比べると、後者のほうが行数は多くなっていることがわかります。これはF-SOAIPが項目ごとに行替えすること、漏れていた情報を追加していることが理由です。特に本例では、項目Aや項目Pに相当する情報を加筆しています。これらは記録者の思考に基づく項目のため、意識しなければ記載が漏れやすい項目です。こうした項目を漏れなく記載できることも、F-SOAIPの特徴の一つです。

8 家族介護の不安への対応

[記録者] 居宅介護支援事業所：介護支援専門員（ケアマネジャー）

場面概要

一人暮らしの順子さん（90代、女性）。近くに住む長女が家事を手伝いに来ていましたが、身体が弱く、病気がちなため、手伝いを継続するのが難しくなってきました。

そこで、ケアマネジャーが地域包括支援センターの主任ケアマネジャーとともに訪問し、今後の対応について話し合うこととなりました。

Before 叙述形式の経過記録

ここが問題！ 同席者と同席していない者の発言を並列で表記している

問題点㋐
利用者等の発言は「とのこと」と表現しがちである

問題点㋑
同席している者（主任ケアマネジャー）と同席していない者（長女）の区別がつきにくい

日時 / 方法	支援経過
5/17 15:30 家庭訪問 主任ケアマネジャー同席	順子さん「長女が手伝ってくれるけど、身体が弱いから、心配で夜も眠れないのよ」㋐とのこと。㋑長女より、母親の性格をふまえ、医療対応ができるグループホームへの入所を希望すると聞いていた。地域包括支援センターの㋑主任ケアマネジャーより、近くに医療対応ができるグループホームが開設予定のため、長女の負担や本人の不安軽減を目的に利用の勧めあり。 順子さんは娘の介護負担に心を痛めているようだ。認知症や持病の状況から、グループホームの提案は、穏やかで安心した生活につながる可能性あり。 本人の不安について話を聴くと、「そうね。長女のためにも、私もがんばらないとね」㋐とのことで、前向きな様子が見えるようになったことから、次回、グループホームの資料を持参することを約束。 次回訪問時、グループホームの情報提供とともに、見学の希望があれば、お連れできるよう準備しておく。

F-SOAIP を意識した書き方のPOINT

この事例を記録する際のポイントは、以下の2つをどの項目に、どのように記載するかです。
①同席していない長女の発言
②同席している地域包括支援センターの主任ケアマネジャーの発言

After F-SOAIP を用いた経過記録

F…焦点　**S**…主観的情報　**O**…客観的情報　**A**…アセスメント　**I**…介入・実施　**P**…計画

日時／方法	支援経過
5/17 15:30 家庭訪問 主任ケアマネジャー同席	**F** 長女を案じてグループホーム入所を検討 **O** リビングにてソファに座り過ごされている。 **S** 長女が手伝ってくれるけど、身体が弱いから、心配で夜も眠れないのよ。 **O（地域包括支援センター）** 近くに医療対応ができるグループホームが開設予定のため、長女の負担や本人の不安軽減を目的に利用を勧めたい。 **O** 以前から長女より母の性格をふまえ、医療対応できるグループホームへの入所がよいとの話あり。 **A** 順子さんは長女の介護負担に心を痛めているようだ。認知症や持病の状況から、グループホームの提案は穏やかで安心した生活につながるのではないか。 **I** 本人の不安を傾聴。次回、グループホームの資料を持参したい。 **S** そうね。長女のためにも、私もがんばらないとね。 **P** 次回訪問時、グループホームの情報提供とともに、見学の希望があれば、お連れできるよう準備しておく。

ポイント
項目Sには、本人やキーパーソンの言葉をそのまま記録できる

ポイント
長女はキーパーソンだが、同席していないことから項目Oとして記録する

解説 ▶

F-SOAIPにおいて、本人（支援を受ける者）に深くかかわるキーパーソン（夫や妻、子どもなど）の発言は、項目Sに続柄とともに記録します（例：S（妻））。しかし、キーパーソンからの情報であっても、記録場面に同席していない場合には、項目Oに記録します。

9 アドバンス・ケア・プランニング

[記録者] 地域包括支援センター：主任介護支援専門員（主任ケアマネジャー）

場面概要

茂さん（70代、男性）は、医師よりがんの宣告を受けました。そこで、終末期を含めた今後の医療や介護について相談するため、アドバンス・ケア・プランニング（以下、ACP）を行いました。この日は、茂さん本人のほか、長女が参加し、主任ケアマネジャーと話し合いを行いました。

Before SOAPを用いた経過記録

[S]…主観的情報　[O]…客観的情報　[A]…アセスメント　[P]…計画

ここが問題！ 記録者の利用者・家族に対する具体的な発言（介入・実施）などが読み取れない

問題点㋐
介入を《》を用いて短くまとめているため、介入・実施した内容の詳細が読みとれない

問題点㋑
2つの支援内容を1つの記録にまとめている

日時／方法	支援経過
10/15 13:00 長女と来所	[S]（本人）胆管がんと診断された。まずは入院して黄疸を解消する治療を受け、その後は外来で診ると言われた。 （長女）病院から介護保険の申請をするように勧められた。 ㋐《訪問看護を提案》 （本人）妻のときに利用したのでわかる。看護師に来てもらうと安心。 （長女）相談できるのはよい。自分では我慢してしまいそう…。 ㋐《今後の住まいなどについて聞く》 （本人）手術しても、そんなに長くはないと覚悟はしている。でも娘たちに迷惑はかけられない。 （長女）今は介護離職を防ぐための制度などもある。在宅勤務もできる。 [O] 顔にはまだ黄疸がある。ADLは自立だが、体力が落ちて、趣味の畑仕事はやめた。生活に必要な家事全般はやっている。 [A] 在宅療養を提案して拒否がないため、在宅希望と考えるが、本人が療養場所について、いつでも相談できる用意は必要と考える。 [P] ㋑介護保険の申請を代行する。訪問看護については、ケアマネジャーと医療機関で相談してもらう。

F-SOAIP を意識した書き方のPOINT

SOAP では健康上の問題ごとに、F-SOAIP では記録者がやりとりのなかで着目した点（項目 F）ごとに情報を整理します。そのため、SOAP で1つの記録にまとまっていたとしても、F-SOAIP では2つ以上の項目 F を立てる必要がある場合もあります。

After F-SOAIP を用いた経過記録

F…焦点　**S**…主観的情報　**O**…客観的情報　**A**…アセスメント　**I**…介入・実施　**P**…計画

日時 / 方法	支援経過
10/15 13:00 長女と来所	**F** ①がんの療養について　②これからの生活への思い
	S ①胆管がんと診断された。まずは入院して黄疸を解消する治療を受け、今後は外来で診ると言われた。
	②手術しても、そんなに長くはないと覚悟はしている。でも娘たちに迷惑はかけられない。
	S（長女） ①病院から介護保険の申請をするように勧められた。
	②今は介護離職を防ぐための制度などもある。在宅勤務もできる。
	O ①顔にはまだ黄疸がある。
	② ADL は自立だが、体力が落ちて、趣味の畑仕事はやめた。生活に必要な家事全般はやっている。
	A ①本人、家族が身近に相談でき、病院と連携を取りやすくするために訪問看護が必要。
	②本人、長女ともに自宅での療養を希望していると思われ、それを踏まえた支援が必要。
	I ①介護保険の認定を受けて、訪問看護の利用はどうか。　何か不安なことがあったときに相談できるが。
	②療養場所について、いつでも相談してほしい。
	S ①妻のときに利用したのでわかる。看護師に来てもらうと安心。
	S（長女） ①相談できるのはよい。自分では我慢してしまいそう。
	P ①主治医に訪問看護導入を打診。訪問看護事業所を選定。
	②介護保険の申請代行。訪問看護は医療機関と相談して選定。

ポイント
「がんの療養」「これからの生活への思い」という2つの項目 F を立てる

ポイント
2つの項目 F に関連する内容について、番号を振って整理する

ポイント
家族やキーパーソンの言葉は、S の後に続柄や関係を記す

ポイント
記録者の発言の内容の詳細を記載する

※本例では、項目 F ごとに文字の色を変えています

解説 ▶

ACP では、①本人や家族の意向、②専門職の対応（介入のタイミングや方法、提供した情報など）、③自己決定を促しているか、④合理的な意思決定となっているか、を忠実に記録・蓄積し、振り返りができるような記録の作成が大切です。項目 A や I を活用し、これらを明確に示す必要があります。

10 モニタリング

[記録者] 居宅介護支援事業所：介護支援専門員（ケアマネジャー）

[場面概要]

認知症をもつ京子さん（80代、女性）が行方不明となり、近隣の住民によって保護されました。これを受けて、主治医からも、ショートステイ利用の勧めがありました。

こうした状況から、サービス内容の変更の必要性が高まったため、モニタリングも兼ねて、本人、夫、長女、ケアマネジャー、デイサービス職員、ケアマネジャー（当職）出席のもと、サービス担当者会議を開催しました。

Before 叙述形式の経過記録

ここが問題！ 複数の人物による会話が連続するため、記録のポイントがわかりにくい

問題点㋐
多数の発言者がいるため、誰の発言か区別しにくい

問題点㋑
利用者等の発言は「とのこと」と表現しがちである

日時／方法	支援経過
10/13 13:00 家庭訪問による担当者会議（本人、夫、長女、デイサービス職員、当職）	10月7日、行方不明となり近隣住民に保護された。主治医よりショートステイ利用の勧めあり。 ㋐夫は、自分一人でみるのに不安がある。手伝ってほしい㋑とのこと。㋐長女は、父に代わって手伝おうとしても、母は手伝わせてくれない。サービスをもう少し利用してほしい㋑とのこと。 家族の訴えは、自分たちでできることをし、考えたうえでのことと理解できた。主治医からの勧めがあり、夫や長女はデイサービス追加利用が必要と考えている。 そこで「京子さんが出かけようとされるのは、何かしたいと思われるのでしょう。何かやることが増えたほうがよいと思います」㋐と助言し、「デイサービス職員から様子を聞いてみませんか」と促した。 ㋐デイサービス職員より、「日中ウトウトとすることが多いが、ほかの利用者とも楽しく過ごしている」と、デイサービスの様子について説明あり。 ㋐夫は、本人に向かって「私のためにも、もう一日、行ってもらえませんか」と言うと、㋐本人は「家族が喜んでくれるなら…」と言う。 家族からの頼みはしっかり受け入れられるようだ。日程は、デイサービスの利用日が連続しないよう、金曜日に追加できないか。 金曜日の空きができ次第、週2回の利用とする。

F-SOAIP を意識した書き方のPOINT

サービス担当者会議には、ケアマネジャー（当職）のほか、本人、夫、長女、デイサービス職員が出席しています。またその場には出席していませんが、主治医からのコメントもあります。出席者の発言をどの項目でどのように記載するかを考えてみましょう。

After F-SOAIP を用いた経過記録

F…焦点　S…主観的情報　O…客観的情報　A…アセスメント　I…介入・実施　P…計画

日時 / 方法	支援経過
10/13 13:00 家庭訪問 による担 当者会議 （本人、 夫、長女、 デイサー ビス職員、 当職）	**F** デイサービスの追加利用による家族負担の軽減 **O** ・10月7日、行方不明となり近隣住民に保護された。 　　・主治医よりショートステイ利用の勧めあり。 **S（夫）** 自分一人でみるのに不安がある。手伝ってほしい。 **S（長女）** 父に代わって手伝おうとしても、母は手伝わせてくれない。サービスをもう少し利用してほしい。 **A** ・家族の訴えは、自分たちでできることをし、考えたうえでのことと理解できた。 　　・主治医からの勧めがあり、夫や長女はデイサービス追加利用が必要と考えている。 **I** ・京子さんが出かけようとされるのは、何かしたいと思われるのでしょう。何かやることが増えたほうがよいと思います。 　　・デイサービス職員から様子を聞いてみませんか。 **O（デイサービス職員）** 日中ウトウトとすることが多いが、ほかの利用者とも楽しく過ごしている。 **S（夫）** （本人に向かって）私のためにも、もう一日、行ってもらえませんか。 **S** 家族が喜んでくれるなら…。 **A** ・家族からの頼みはしっかり受け入れられるようだ。 　　・日程は、デイサービスの利用日が連続しないよう、金曜日に追加できないか。 **P** 金曜日の空きができ次第、週2回の利用とする。

ポイント
「家族負担の軽減」と「デイサービスの追加利用」は密接に関係しているため、一つの記録にまとめる

ポイント
当てはまる内容が複数ある項目は箇条書きで示す

ポイント
家族やキーパーソンの言葉は、Sの後に続柄や関係を記す

ポイント
他職種による「介入・実施」はO（職種名）として表記する

解説 ▶

モニタリングなど、複数の参加者が30分以上にわたって話し合う場面を記録する場合、主訴や介入が複雑に絡み合い、記録のポイントがどこにあるのかがわかりにくくなりがちです。F-SOAIPでは、項目S、O、Iを使い分けることで、複雑な要素を整理することができます。

第3章　場面編　生活支援記録法の実践例

Column

フォーカスチャーティングから生活支援記録法に変更して

千葉道子
(地域包括支援センターみずほ苑みよし管理者、埼玉県介護支援専門員協会)

　私が所属していた在宅介護支援センターでは、経過記録にフォーカスチャーティング(以下、F-DAR)を導入していました。記録にあたっては、項目P(計画)を追加するなどの工夫も行いましたが、項目D(データ)と項目R(反応)の区別があいまいで、現場には混乱もみられました。

　生活支援記録法に出会ったのは、ちょうどF-DARでの記録に限界を感じ始めていた頃です。記録方法を学ぶなかで、「経過記録にはアセスメントの内容を記載しておくことが重要」と感じ、全面的に導入しました。

　記録方法に慣れてくると、「書きたいことを簡潔にわかりやすく書けるようになった」「自分やスタッフの記録を読み返しやすい」「援助の一連の流れを把握できる」などの声が職員からも挙がるようになりました。

Column

地域包括支援センターに生活支援記録法を導入して

幡野敏彦
(入間市西武地区地域包括支援センター 東藤沢地域包括支援センター 包括支援部部長、埼玉県介護支援専門員協会)

　3職種(介護支援専門員、社会福祉士、保健師)で記録方法がバラバラで、「記録が苦手」といった意見も出ていたことから、専門職としての記録の質を高めようと、F-SOAIPを学ぶことにしました。全職員で研修会に参加し、早速翌日から導入しました。

　すると、どの職員もすぐに慣れ、以前は「記録が苦手」と言っていた職員も楽しく、スムーズに記録を書けるようになりました。また家庭訪問時には、F-SOAIPを意識して面接でき、記録の整理もしやすくなりました。

　また、事例検討会では、ケアマネジメント過程でつまずいている部分を確認できるため、スーパービジョンがしやすくなりました。今後は地域ケア会議の事例検討でも取り入れたり、「生活支援記録ワークシート」を職員教育にも活用したりすることを考えています。

　同法人の特別養護老人ホーム杏樹苑爽風館でも本記録法を導入し、IPW(多職種協働実践)による栄養サポートチームなどでも活用しています。

場面編　生活支援記録法の実践例

3 ソーシャルワーク

1 支援計画の提案

[記録者] 児童家庭支援センター：相談支援員

場面概要

健太君（8歳、男児）は、学校でも家でも落ち着きがなく、学習になかなか取り組むことができません。母親が課題をやらせようとすると、大声で反発するため、母親はそのことを恐れています。相談支援員が「課題ができたときには褒めて自信をもってもらいましょう」と提案し、支援計画案を修正することになりました。

Before 叙述形式の経過記録

ここが問題！ 記録者が提案を行った経緯（判断等）が書かれていない

母親に支援計画案の趣旨を説明した。母親との面接中、健太君はDVDを静かに見ていた。
母親は支援内容に「褒める」とあるが、具体的に何を褒めるのかわからないと言う。健太君を褒めることは自然にしているとのことだが、特に健太君が苦手な「算数ドリル」などができたときに、母親や担任が意識的に褒めるようにすることが大切だと㋐説明した。
㋑すると、母親は「ドリル」と書くと、それをやらなくてはいけないことになって、かえって落ち着かなくなる。学校で出た課題を家でさせようとすると大声を出して反発し、自分に当たることが怖い。ドリルにこだわらず、工作でも身体を使った運動でもよい。健太君が落ち着いて過ごしてくれることが一番だと言う。
㋑そこで、「健太君が落ち着けるよう意識的に褒める」との表現に修正することを㋐提案し、母親の了解を得た。

問題点㋐
アセスメントの内容の記載が省略されている

問題点㋑
叙述形式の記録では、「すると」「そこで」などの接続詞が多用されるため、記録の趣旨がわかりにくい

F-SOAIP を意識した書き方のPOINT

この場面の登場人物は少ないですが、述語と接続詞を多用しており、記録が煩雑になっています。またアセスメントの視点も抜け落ちています。F-SOAIP の項目で整理し、欠落した記載内容を補ってみましょう。

After F-SOAIP を用いた経過記録

F…焦点　S…主観的情報　O…客観的情報　A…アセスメント　I…介入・実施　P…計画

F 母親の意向をふまえた支援計画案の表現修正

O 面接室にて母親と面談。健太君は DVD を静かに鑑賞している。

S（母親） 支援内容に「褒める」とあるが、具体的に何を褒めるのかわからない。

> **ポイント**
> 家族やキーパーソンの言葉は、Sの後に続柄や関係を記す

A 健太君が苦手な算数ドリルに取り組んだことを意識的に褒めると、やる気や達成感をもつことができ、学習に集中できるのではないか。

> **ポイント**
> 記録者のはたらきかけ（項目I）の根拠となる判断を項目Aとして記載する

I 健太君を褒めることは自然にしているとのことだが、特に健太君が苦手な算数ドリルができたときなどに、母親や担任が意識的に褒めるようにすることが大切。

S（母親） 「ドリル」と書くと、それをやらなくてはいけないことになって、かえって落ち着かなくなる。学校で出た課題を家でやらせようとすると大声を出して反発し、自分に当たることが怖い。ドリルにこだわらず、工作でも身体を使った運動でもよい。健太君が落ち着いて過ごしてくれることが一番。

A 母親の意向をふまえて、課題を特定せず、また「健太君が落ち着けるように」という目的を含めるのがよいだろう。

> **ポイント**
> アセスメントの内容を項目Aとして記載する

I 「健太君が落ち着けるよう意識的に褒める」との表現に修正することを提案し、母親の了解を得た。

S（母親） よろしくお願いします。

P 計画に沿って支援を行う。

解説 ▶

叙述形式では、文章が長くなると、利用者と記録者のやりとりは記録されていても、記録者の思考過程であるアセスメントの内容が漏れがちになります。F-SOAIP を用いると、各項目を意識して実践に臨めるため、場面を振り返って記録する際も記載漏れを減らせるでしょう。

第3章　場面編　生活支援記録法の実践例

2 コミュニティワークにおける個別相談とヒアリング

記録者 社会福祉協議会：コミュニティソーシャルワーカー

場面概要

　社会福祉協議会に所属するコミュニティソーシャルワーカーが小規模多機能型居宅介護を訪問すると、施設長から商店街との連携を目指したいとの相談を受けました。しかし、営利目的とも思える発言もあったことから、その場での回答を見送り、推進委員会に参加し、ヒアリングを行った場面です。

Before 表形式の経過記録（行動記録）

ここが問題！　「気づき」を書く欄に「参加者からの声」が書かれている

日付 対象 参加者 会議名・サロン名・ケース名	ワーカーの狙い	ワーカーのかかわり	参加者からの声	ワーカーとしての気づき	次回へのアプローチ
6/23 小規模多機能型居宅介護 施設長、福祉委員、市介護保険課 推進委員会	小規模多機能型居宅介護と地域をつなぐ	現状ヒアリング	㋐ 施設長より、なかなか商店街に理解してもらえない。 問題点㋐ 施設長以外の「声」が記録されていない	❶小規模多機能の入口にある駐車場で商店街の買い物客を対象にした休憩スペースを設けているが、今まで来客はない。❷小規模多機能がスペースをつくったものの広報に力が入っていない。㋒やはり利益につながらないことには乗り気になれない様子。	次回の会議に参加 問題点㋑ 「ワーカーとしての気づき」欄だが、「参加者からの声」ともとれる情報（❶、❷）が記入されている 問題点㋒ なぜ「利益につながらないことには乗り気になれない」と感じたかが記載されていない

社会福祉協議会で使われている「行動記録」は、項目に差はありますが、事例のような表形式になっています。主な用途として、①毎日の業務を記録する（日報）、②実習等の成果を記録し、職員教育・研修で活用する（OJT）、③会議やサービスを時系列的に記録する（経過記録）の３つがあります。それぞれの項目の内容がF-SOAIPのどれに相当するかを考えてみましょう。

After F-SOAIP を用いた経過記録（行動記録）

F…焦点　**S**…主観的情報　**O**…客観的情報　**A**…アセスメント　**I**…介入・実施　**P**…計画

日付	
対象	支援経過
参加者	
会議名・サロン名・ケース名	
6/23 小規模多機能型居宅介護 施設長、福祉委員、市介護保険課 推進委員会	**F** 小規模多機能型居宅介護と地域をつなぐ **O（施設長）** 小規模多機能として地域（商店街）との連携を目指していきたいが、なかなか商店街に理解してもらえない。 **O（福祉委員）** 小規模多機能の入口にある駐車場で商店街の買い物客を対象にした休憩スペースを設けているが、今まで来客はない。 **O（市介護保険課）** 小規模多機能が休憩スペースをつくったものの、広報に力が入っていない。 **A** 休憩スペースの設置は、小規模多機能の実益につながりにくいことから、広報も十分に行えていないのではないか。 **I** 小規模多機能、商店街双方の言い分を整理させていただきます。 **P** 両者の言い分を整理し、会議で報告する。

ポイント
「ワーカーの狙い」欄は項目Fに相当する

ポイント
「参加者からの声」欄は項目Oに相当する

ポイント
「ワーカーとしての気づき」欄は項目Aに相当する

ポイント
「ワーカーのかかわり」欄は項目Iに相当する

ポイント
「次回へのアプローチ」欄は項目Pに相当する

解説 ▶

表形式の記録は、項目名から書かれている内容がわかるため、判読性に優れています。しかし、項目をまたぐような内容を記載することは難しく、本来記載すべき項目ではない項目に混在して記載せざるを得ない場合もあります。そのため、表形式の記録を使用してきた人がF-SOAIPを使う際には、これまで使ってきた記録の各項目が、F-SOAIPのどの項目に当てはまるかを考えていく必要があります。

第**3**章　場面編　生活支援記録法の実践例

3 職員間の情報共有不足

記録者 自立支援センター：生活相談員

場面概要

浩さん（60代、男性）は、ホームレスとして路上生活をしていましたが、現在、自立支援センターで生活しながら、社会復帰の準備をしています。

次の記録は、浩さんから「職員間の情報共有が不足しているのではないか」との訴えがあり、対応を検討した場面を記録したものです。

Before 叙述形式の経過記録（支援経過記録シート）

ここが問題！

「主」「との訴え」などの表現を多用し、記録が煩雑になっている

方法	□電話相談・連絡　□訪問・同行支援　■面談　□所内会議
対応相手先	■本人　□家族（＿＿＿＿＿＿＿）　□関係機関　□その他

問題点㋐
「対応内容記録」欄は、「詳細記録」欄の要約だが、長文のためポイントがわかりにくい

問題点㋑
利用者本人を表す「主」という言葉の多用が目立つ

問題点㋒
各文が独立しており、やりとりの経過がみえてこない

問題点㋓
「支援員コメント」欄が別枠となっているため、どの時点でのコメントかわかりにくい

㋐対応内容記録
主の隣の空きベッドにまで荷物が置いてあったので、確認すると許可を得ているという。「職員によっていい加減なことばかり言いやがって」との訴えあり。担当者不在のため、明日確認・対応する。

詳細記録（聞き取り事項・確認した事実、対応状況等）
㋑主のベッドに行くと、荷物が大量に置いてあり、隣の空きベッドにまで、荷物が置いてある状況だった。㋑主に確認すると、「担当からは許可を得ている」㋒との訴え。 しかし、そのような記録にはなっていないことを伝えると、「担当を呼べ」「職員によっていい加減なことばかり言いやがって」㋒との訴え。 ㋑主に担当者不在のため、明日確認したうえで対応する形でよいかと尋ねたところ、納得したため、担当へ引継ぎ対応㋒することとした。

㋓支援員コメント
①入所規則に反して隣の空きベッドに私物が置かれているのは、特別の事情があったのかもしれない。 ②主は入所したばかりであり、荷物の置き場について、職員間で情報共有ができていなかった可能性がある。

F-SOAIP を意識した書き方のPOINT

本例は、所定の支援経過記録シートを用いた記録です。Before の記録は、「主」や「との訴え」といった言葉が多用され、浩さんとのやりとりの経過がわかりづらいものとなっています。「対応内容記録」欄は、項目 F として使用し、「詳細記録」欄を項目 S、O、A、I、P を用いて整理することで、やりとりの経過を可視化できます。

After F-SOAIP を用いた経過記録（支援経過記録シート）

F…焦点　**S**…主観的情報　**O**…客観的情報　**A**…アセスメント　**I**…介入・実施　**P**…計画

方法	□電話相談・連絡　□訪問・同行支援　■面談　□所内会議
対応相手先	■本人　□家族（＿＿＿＿＿＿＿＿）　□関係機関　□その他

対応内容記録 F

F 情報共有不足の可能性 ●————

> ポイント
> 「対応内容記録」欄に項目 F を書くことで、一目で記録の概要を把握できる

詳細記録（聞き取り事項・確認した事実、対応状況等）S O A I P

O 浩さんのベッド以外の空きベッドに荷物が大量に放置。

A 施設でのルールを逸脱しており、担当ではないが事情確認が必要。

I 放置されている荷物について説明を求めた。

S 担当から許可は得ている。担当を呼べ。職員によっていい加減なことを言いやがって。●————

> ポイント
> 「主」や「との訴え」などの表現を用いる必要がないため、簡潔にポイントだけを記述できる

A ・入所規則に反して隣の空きベッドに私物が置かれているのは、特別の事情があったのかもしれない。

　　・主は入所したばかりであり、荷物の置き場について、職員間で情報共有ができていなかった可能性がある。●————

O 記録に記載がないことを確認。

P 浩さんの言い分について明日担当者に確認。ほかの担当者も対応できるよう情報共有を徹底する。

> ポイント
> 「支援員のコメント」欄に記されていた内容を「詳細記録」欄の項目 A として挿入することで、やりとりを時系列で把握できる

支援員コメント

解説 ▶

Before の記録で「支援員コメント」欄に書かれている内容は、いずれも職員が本人の訴えや様子から考えたことです。項目 A を用いて「詳細記録」欄に時系列で記載することで、やりとりの経過がさらにみえてくる記録とすることができるでしょう。もちろん、「支援員コメント」欄に項目 A を用いて記載しておくことも可能です。

第3章 場面編　生活支援記録法の実践例

4 受診中断患者への受診援助

記録者 精神科病院：精神保健福祉士

場面概要

　統合失調症のため、定期通院をしていた智子さん（40代、女性）ですが、突然、定期通院日の来院がなくなりました。間もなく処方した薬も切れてしまうことが考えられます。

　そこで、精神保健福祉士が家庭訪問し、通院や服薬を促しました。

Before 叙述形式の経過記録

 ここが問題！ 記録者のはたらきかけに対する利用者の反応が書かれていない

問題点㋐
「お願いした」結果、本人がどう反応したかが記されていない

問題点㋑
関係部署に報告した後、どのように対応するかが読みとれない

> 訪問時、チャイムを押してもすぐには出てこず、数回呼びかけて応答される。定期通院日に来院がないため、心配して伺った旨を話すと、「通院は必要ない。薬も飲んでいない。通院も薬も自分で決めたわけではない。強制されるものではないですよね」と言う。通院も服薬も効果がないと思い込んでいる様子なので、通院や服薬を強制するような言葉かけは本人を刺激するため、共感的な対応が望ましい。
> 通院や服薬の必要性を説明し、精神保健福祉士は通院も服薬も促すことしかできないが、体調を心配していることと、今後の服薬や通院の継続については家族ともよく話し合ってほしいと㋐ お願いした。
> 以上、㋑ 関係部署に報告すること。

F-SOAIP を意識した書き方のPOINT

出来事を淡々と記録しているものの、記録者のはたらきかけに対する利用者の反応に関する記述がありません。またこのように、登場人物が少ない場面や話題が一つに絞れる場面では、時系列でやりとりを記録する方法（After ①）のほか、F-SOAIP の順で要約的に記録する方法（After ②）も活用しやすいでしょう。

F…焦点　**S**…主観的情報　**O**…客観的情報　**A**…アセスメント　**I**…介入・実施　**P**…計画

F	通院・服薬の促し
O	チャイムを押してもなかなか応じてもらえない。
I	定期通院日に来院がないため、心配して伺いました。
S	通院も薬も自分で決めたわけではない。強制されるものではないですよね。
A	通院も服薬も効果がないと思い込んでいる様子。通院や服薬を強制するような言葉かけは本人を刺激するため、共感的な対応が望ましい。
I	精神保健福祉士が通院や服薬を強制することはできませんが、智子さんの体調が心配です。家族ともよく話し合ってもらえませんか。
S	無言だったが、うなずく
P	関係部署に報告のうえ、今後の服薬や通院の継続について話し合いの場をもつ。

ポイント
時系列的に記録する場合、同じ項目であっても1つにまとめずに繰り返し用いる

ポイント
利用者への介入(声かけ)はより具体的に記す

ポイント
記録者の対応に対する利用者の反応(発言など)は項目Sとして記載する

After② F-SOAIP を用いた経過記録 (要約)

F…焦点　**S**…主観的情報　**O**…客観的情報　**A**…アセスメント　**I**…介入・実施　**P**…計画

F	通院・服薬の促し
S	通院も薬も自分で決めたわけではない。強制されるものではないですよね。
O	チャイムを押してもなかなか応じてもらえない。
A	通院も服薬も効果がないと思い込んでいる様子。通院や服薬を強制するような言葉かけは本人を刺激するため、共感的な対応が望ましい。
I	精神保健福祉士が通院や服薬を強制することはできませんが、智子さんの体調が心配です。家族ともよく話し合ってもらえませんか。
P	関係部署に報告のうえ、今後の服薬や通院の継続について話し合いの場をもつ。

ポイント
要約的に記録する場合、各項目は一度ずつ用いる

解説 ▶

時系列で示す記録 (After ①) は、記録者と利用者のやりとりを忠実に残すことができる点で優れています。一方の要約的に示す記録 (After ②) は、場面を端的に表すことができます。場面に応じて使い分けましょう。

5 退院支援

[記録者] 病院：医療ソーシャルワーカー

場面概要

医療ソーシャルワーカー（MSW）は、入院中の和子さん（80 代、女性）に、退院先を家族と相談することを提案していました。長女の第一希望は自宅退院ですが、喘息をもつ長女へ在宅介護による負担がかかることが心配されます。そこで、MSW は退院先を選択できるよう、病院での介護体験を提案するとともに、施設見学を勧めています。以下は、見舞いに来た長女とのやりとりの記録です。

Before SOAP を用いた経過記録

[S]…主観的情報 [O]…客観的情報 [A]…アセスメント [P]…計画 [F]…自由記載 [C]…コメント

ここが問題！ 項目 P（計画）に実施した内容を記載している

日付	2019 年 7 月 10 日	時間	10：00 ～ 11：00	方法	訪室	対象	長女
[S]	見学は来週行ってみます。施設は自宅へ帰れない場合の「保険」と考えていて、自宅に帰してあげたい。自宅のリフォームも考えている。						
[O]	要介護 5。ADL 全介助。室内では車いすを利用。 玄関前に段差あり。夜間の不穏が課題となっている。						
[A]	夜間の状況把握、介護負担について現実的な実感をもてていない状況。 長女は喘息があり、無理はできないと思われる。 引き続き、施設も並行して検討する必要あり。						
[P]	施設申込みの場合の流れを㋐説明。介護保険利用での住宅改修の㋐説明。 家族が病院へ泊まって介護体験をすることも㋐勧めた。 次週、継続して長女と面接を行い、方針を㋐話し合っていく。						
[F]	MSW としては、長女の介護力から自宅退院は困難とみており、長女には病院での夜間介護体験を提案し、同時に施設見学を勧めています。						
[C]	自宅退院は、長女の介護体験結果をふまえて㋑要検討。						

問題点㋐
項目 P に、「実施した内容」と「今後の計画」が混在している

問題点㋑
項目 C の内容は、今後の計画であり、項目 P に書くべきである

F-SOAIP を意識した書き方のPOINT

Before の様式は、SOAP をベースに、項目F（Free：自由記載）と、項目C（Comment：コメント）を加え、アレンジしたものです。各項目をF-SOAIP のどの項目に活かしていくかを考える必要があります。

After F-SOAIP を用いた経過記録

F…焦点　S…主観的情報　O…客観的情報　A…アセスメント　I…介入・実施　P…計画

日付	2019年7月10日	時間	10:00～11:00	方法	訪室	対象	長女

F	退院先検討に向けた提案
S	（長女）見学は来週行ってみます。施設は自宅へ帰れない場合の「保険」と考えていて、自宅に帰してあげたい。自宅のリフォームも考えている。
O	要介護5。ADL全介助。室内では車いすを利用。 玄関前に段差あり。夜間の不穏が課題となっている。
A	夜間の状況把握、介護負担について現実的な実感をもてていない状況。 長女は喘息があり、無理はできないと思われる。 引き続き、施設も並行して検討する必要あり。
I	施設申込みの場合の流れを説明。介護保険利用での住宅改修の説明。 家族が病院へ泊まって介護体験をすることも勧めた。
P	次週、長女の介護体験結果をふまえ継続して長女と面接を行い、方針を話し合っていく。

ポイント
項目Fは「自由記述」からF-SOAIPの項目F「焦点」に変更する

ポイント
F-SOAIPと共通する項目S、Oは、そのまま利用する

ポイント
項目A「アセスメント」はそのまま利用する

ポイント
実施した内容は項目Iに集約する

ポイント
項目Pと項目Cに書かれていた「今後の計画」は項目Pに集約する

解説 ▶

F-SOAIP は、SOAP を使用している場合でも導入することができます。本場面のように、元々の記録様式では記録できなかった内容であっても、F-SOAIP と照らし合わせ、項目を置き換えていくことで、専門職の実践過程を記載できます。

Column

意思形成・表明・実現のプロセスに役立てたい
生活支援記録法

成本迅
（医師、京都府立医科大学大学院医学研究科　視線機能病態学　教授、一般社団法人　日本意思決定支援推進機構　意思決定サポートセンター　代表理事）

　私は、科学技術振興機構社会技術研究開発センターの助成を得て、「医療従事者向け意思決定支援ガイド」「在宅支援チームのための認知症の人の医療選択支援ガイド」「認知症の人と家族のための医療の受け方ガイド」※を作成し、全国の多職種や地域の方々を対象に普及活動を行ってきました。

　またそれらの成果として、研究者や実践者の皆さんによる「認知症者の意思決定支援―意思形成・表明・実現のプロセスを支援する―」（看護技術、2019年10月臨時増刊号：メヂカルフレンド社）を取りまとめたばかりです。

　意思決定支援の取り組みの達成度は、結果ではなく、どのようなプロセスを経て決定したかを重視して評価すべきだと考えています。そのため、記録においても、説明内容と説明した相手、理解の程度と返答内容とともに、決定に至るまでの説明と家族の意見や反応等も残すことが必要です。

　しかし、従来の記録法（問題志向型のSOAP方式）では、こうした記録を残すことはできませんでした。またセミナーなど通じて、「どのように記録すべきかわからない」といった声も耳にしてきました。

　生活支援記録法は、意思決定支援の経過を記録できる点、カンファレンス等での振り返りや共通の視点での合意形成に活用できる点で画期的な方法だと思われます。

　今後、認知症のある人や家族の意思決定支援の研修などでも、紹介できればと考えています。

※「医療従事者向け意思決定支援ガイド」「在宅支援チームのための認知症の人の医療選択支援ガイド」「認知症の人と家族のための医療の受け方ガイド」は、下記よりダウンロードできます。
　https://researchmap.jp/jnaru/資料公開/

場面編　生活支援記録法の実践例

4 保健医療

1 利用者・家族の意欲向上

記録者 訪問リハビリテーション：作業療法士

場面概要

哲也さん（60代、男性）は、一戸建てに父親・妻と同居しています。脳出血（左片麻痺）の診断を受けており、現在、週3回の訪問リハビリと週2回の通所リハビリを利用しています。目標は、杖歩行により近所の回転寿司に家族とランチに行くことです。

Before 叙述形式の経過記録

 ここが問題！ 利用者の発言を記録者の解釈に基づいた表現で記載している

問題点㋐
叙述形式では、主語が省略されやすい

問題点㋑
利用者等の発言は「とのこと」と表現しがちである

問題点㋒
「歩行能力」など、利用者やその家族があまり用いない表現を使用していることから、記録者の解釈が入っていることがわかる

㋐「平日の日中は空いているので、ときどきでいいから回転寿司に行けるようになりたい」㋑とのこと。また妻は、「㋒以前に比べると、歩行能力はよくなっているものね」㋑とのこと。

屋内では、家族が使用可能な作業療法士自作の「歩行自立度チェックシート」を使用して歩行を評価している。また、妻の在宅時は必ず訪問リハビリ場面を見学してもらっている。

自立支援および本人の性格から、「歩行自立度チェックシート」は訪問リハビリの進捗状況がわかりやすく、車いすの使用頻度を減らすうえで役立っていると思われる。

妻は本人の意欲を大事にしているため、屋外歩行訓練を妻に見学してもらうことで、声かけ等の助言・指導の機会とし、本人・妻のモチベーション向上につなげられないだろうか。

㋐「とても素敵な目標ですね。早速、行ってみませんか」と提案し、妻に同伴してもらい、自宅からお店までの屋外歩行訓練を実施した。

今後、週3回の訪問リハビリで、利用ごとに目標に向けた各々の訓練内容を継続することとした。

F-SOAIP を意識した書き方のPOINT

歩行に自信が湧いてきた利用者とその家族が新たな目標を抱き、それを支援しようとする場面です。記録者の考えや支援内容を時系列的に示すことで、本人のモチベーションが向上していく経過を明示できます。

After F-SOAIP を用いた経過記録

F…焦点 S…主観的情報 O…客観的情報 A…アセスメント I…介入・実施 P…計画

F	利用者・家族のモチベーション向上
S	昼間は暇だからたまには回転寿司に行きたいな。
S（妻）	以前に比べると、よく歩けるようになっているものね
O	・作業療法士が自作した「歩行自立度チェックシート」で家族も歩行を評価している。
	・妻の在宅時は必ず訪問リハビリ場面を見学してもらっている。
A	・本人も妻も歩行に自信が湧いてきた様子。
	・妻は、本人の意欲を大事にしている。屋外歩行訓練の見学を通じて、声かけ等の助言・指導を行い、本人・妻のモチベーション向上につなげられないだろうか。
I	・とても素敵な目標ですね。早速、行ってみませんか。
	・妻に同伴してもらい、自宅からお店までの屋外歩行訓練を実施。
P	・週3回の訪問リハビリを継続。
	・利用ごとに目標を立て、それに向けた訓練を継続。

ポイント
利用者の発言はできるだけ忠実に記録する

ポイント
家族やキーパーソンの言葉は、Sの後に続柄や関係を記す

ポイント
当てはまる内容が複数ある項目は箇条書きで示す

ポイント
記録者のはたらきかけ（項目 I）の根拠となる判断を項目 A として記載する

解説 ▶

F-SOAIP を用いることによって、専門職としての実践過程を可視化できます。この場面からは、リハビリテーション専門職が単にリハビリテーションを実施しているだけではなく、会話を通じて、利用者や家族のモチベーションの向上を図っていることが読み取れます。

2 口腔ケア

記録者 介護老人保健施設：看護師

場面概要

　香織さん（90代、女性）は、認知症と歩行困難を理由に、施設へ入所しています。車いすからの頻回な立ち上がりがあるため、立ち上がり動作を感知するセンサーを設置していますが、日常生活でもセンサーが作動してしまうことがあります。

　センサーに頼らないケアの実現に向け、口腔ケアの場面を記録し、看護職から介護職へ申し送りを行いました。

Before SOAP を用いた経過記録

S…主観的情報　**O**…客観的情報　**A**…アセスメント　**P**…計画

 ここが問題！ 項目 P に計画以外の内容が書かれている

問題点㋐
看護問題は示されているが、具体的にどのような場面を書いた記録かは読み取れない

問題点㋑
SOAP では、実施した内容を記載する項目がないため、ほかの項目に混在している

9/18 9:15	#9　㋐口腔内不快感
	S ざらざらして気持ち悪いんだ。
	O 朝食後、洗面所で立ち上がり、センサーが作動する。昨日も同時刻頃、同じような光景が見られていた。
	A 食後に口をゆすいだり、歯を磨いたりすることは日常において当たり前の行為である。食後に口腔ケアを行えるようセッティングすることで、立ち上がりを防げるのではないだろうか。それによりセンサーも作動せず、問題にはならないはず。
	P ㋑口腔ケア施行。食後、口腔ケアのセッティングをお願いします。

SOAP の項目 P には、今後の対応予定など、計画を書き残します。しかし、Before の記録では、実施した内容と他職種への申し送りが混在しています。F-SOAIP では、実施した内容は項目 I に、他職種への申し送りの内容は項目 P に分けて記録できます。

After F-SOAIP を用いた経過記録

F…焦点　S…主観的情報　O…客観的情報　A…アセスメント　I…介入・実施　P…計画

9/18 9:15	#9　口腔内不快感
	F　不快感解消に向けた口腔ケア
	O　朝食後、洗面所で立ち上がり、センサーが作動する。職員が慌てて駆け寄る。昨日も同時刻頃、同じような光景が見られていた。
	S　ざらざらして気持ち悪いんだ。
	A　食後に口をゆすぐ、歯を磨くことは日常において当たり前の行為である。食後に口腔ケアを行えるようセッティングすることで、立ち上がりを防げるのではないだろうか。それによりセンサーも作動せず、問題にはならないはず。
	I　口腔ケア施行。
	P　毎食後、口腔ケアの実施。

ポイント
SOAP で用いられている # (看護問題の番号) は、そのまま記載してもよい

ポイント
項目FをSOAPの看護問題と併記することで、場面を理解したうえで記録を読み進めることができる

ポイント
実施した内容は項目Iに、他職種への申し送りは項目Pに記録できる

解説 ▶

記録者が得た情報（項目 S、O）と記録者の考えや判断（項目 A）を詳細に記録すると、なぜ記録者が支援（項目 I）を行ったのかを明示できます。

またその支援の結果に基づく計画（項目 P）が整理されていると、今後チームメンバーがどのように動くべきかが伝わります。そうすることで、記録が単なる実践報告のためのものではなく、チームで協働するためのヒントに溢れたものとなります。

第 ③ 章　場面編　生活支援記録法の実践例

3 養育に課題のある父親への家庭訪問

記録者 保健センター：保健師

場面概要

大和君（5 歳、男児）の祖母から保健センターに父親（40 代）の育児に関して相談の連絡が入りました。保健師が訪問すると、父親が長期入院していたこと、母親が家を出て行ったこともあり、大和君には発達障害がある様子でした。

次の記録は、保健師が訪問した場面を記録したものです。

Before 表形式の経過記録

ここが問題！ 表の各項目のつながりがみえないため、実践の経過が読み取れない

相談方法	（訪問・面接・電話） 対象者（ 父親 ）
相談経緯	祖母（70 代後半）より連絡を受け、家庭訪問。
㋐目的	①父親、祖母の生活状況や育児への思いや考え方の把握、②支援の検討
㋐主訴	「言葉の遅れがあり、自分にもなついていないが、同居するから大丈夫」
㋐収集した情報	＜生活状況＞古い平屋（賃貸）。玄関には物が多く、トイレ等にはカビを確認。 ＜父親の様子＞呼吸器系の疾患あり。いたずらに対して叩こうとする。 ＜児の様子＞パンを食べながら、テレビの真似をしている。会話は確認できない。 ＜父親の話＞「息子はうるさくストレスになる」。 ＜祖母の様子＞保育園の送迎で精一杯。掃除や料理もできていない。
㋐アセスメント	①養育態度：コミュニケーション不足だが、大和君がなつくことを望んでいる。 ②父の生活状況：就労支援、掃除等への支援、父親の休息面で必要。 ③大和君の発育：言葉の遅れや攻撃的な行為が見られ、心身の発達に遅れがある。
㋐支援内容	・父親に対して共感と労い、今後、就労支援も含めて相談できることを話す。 ・大和君の発達については、発達相談で訓練を受けることを勧める。
㋐相談者の反応	・祖母を通じた依頼による初回訪問中であるが、前向きな発言が見られた。 ・保健師が訪問し、大和君の様子を見ることは「かまわない」とのこと。
㋐計画	・地域の合同会議を月末までに開催し、多機関で情報を共有。

問題点㋐
項目別に情報がまとまっているが、一文ごとに完結しているため、実践経過が読み取れない

F-SOAIP を意識した書き方のPOINT

養育者である父親と祖母へ同時にはたらきかける場面です。このようなときは、各項目で関連した内容に数字を振り、時系列で整理すると、利用者や家族の変化を読み取れる記録とすることができます。

After F-SOAIP を用いた経過記録

F…焦点　**S**…主観的情報　**O**…客観的情報　**A**…アセスメント　**I**…介入・実施　**P**…計画

年月日 / 方法	支援経過
2016年 6月3日 時間 16：00〜 17：00 家庭訪問 （母親、児が在宅）	**F** 状況把握（①児、②父親、③祖母・環境）と支援の検討 **O** ①パンを食べながら、テレビの真似をしている。会話は確認できない。 　③古い平屋（賃貸）。玄関には物が多く、トイレ等にはカビを確認。 **S** ①・言葉の遅れがあり、自分にもなついていないが、同居するから大丈夫。 　・息子はうるさくストレスになる。 **O** ②呼吸器系の疾患あり。いたずらに対して叩こうとする。 　③祖母：保育園の送迎で精一杯。掃除や料理もできていない。 **A** ①発育：言葉の遅れや攻撃的な行為が見られ、心身の発達に遅れがある。 　②・養育態度：コミュニケーション不足だが、大和君がなつくことを望んでいる。 　・生活状況：病気や育児を考えると、就労支援も必要。掃除等への支援が必要。保育園は大和君の安全の確保と、父親の休息面で必要。 　③祖母は、疲労気味であるが、大和君の養育の経済・生活面での支え等について面談が必要。 **I** ①大和君の発達については、発達相談で訓練を受けることを勧める。 　②父親に対して共感と労い、今後、就労支援も含めて相談できることを話す。 **S** ①②大和君の様子を見ることはかまわない。 **P** ③地域の合同会議を月末までに開催し、多機関で情報を共有。

ポイント
Before の様式のうち、「目的」欄は項目 F に相当する

ポイント
項目 F 以下に番号を振り、対象ごとに整理しているため、誰に関する内容かをすぐに把握できる

ポイント
当てはまる内容が複数ある項目は箇条書きで示す

※本例では、項目 F ごとに文字の色を変えています

解説 ▶

Before のように項目が固定されている表形式の様式では、やりとりの経過が見えない記録となってしまいます。様式の一部を変更し、F-SOAIP を用いることで、「報告書」としてもそのまま活用できる記録となります。

4 服薬指導

[記録者] 病院：薬剤師

場面概要

薬剤師が全入院患者に対して行う入院時面談の結果は、薬剤管理指導記録簿の初回面談報告書にまとめられ、診療録に添付されます。面談の経過記録は、SOAP が採用されています。

次の記録は、食直前の服用の薬を食後の薬と一緒に服用してしまう剛さん（70 代、男性）の薬剤管理指導記録簿です。

Before SOAP を用いた経過記録

[S]…主観的情報 [O]…客観的情報 [A]…アセスメント [P]…計画

ここが問題！ 項目 A に客観的情報が書かれている

[S] 食直前の薬をつい飲み忘れてしまうことが多いので、食後の薬と一緒に飲んでいる。食事には気をつけているが、つい間食をしてしまう。

[O] 薬剤 別記 BMI：26.5 標準体重：51.5kg

[A]
- ㋐ α-GI 薬の作用や食直前服用の理由を理解していないため、自己判断で食後服用としている。
- 血糖コントロール不良のため、食事療法を厳守し、そのうえで薬物治療評価を行い、薬剤の追加や変更を検討する必要がある。
- 中性脂肪が脂質管理目標値を超えており、食事療法を厳守しても目標値に達しなければ治療薬が必要だろう。
- ㋐ α-Gi 薬とお茶（特定保健用食品）には相互作用あり。

[P] 服薬指導実施
- ㋑ ベイスンの薬効と作用機序を説明し、食直前に服用するよう指導。
- ㋑ 手持ち薬を継続して服用するよう指導し、薬効、用法・用量を確認。
- 医師にベイスンとお茶（特定保健用食品）の相互作用について報告し、お茶による服用の可否を検討

問題点㋐
項目 A にアセスメント以外の内容（客観的情報）が混在している

問題点㋑
項目 P にその場で実施した内容が混在している

F-SOAIP を意識した書き方のPOINT

SOAP を用いた記録では、実施した内容を記載する項目がないため、いずれかの項目に混在する形で記録する必要があります。Before の場面では、項目 P に実践した内容が混在しています。項目 I として整理し、記載してみましょう。

After F-SOAIP を用いた経過記録

F …焦点　S …主観的情報　O …客観的情報　A …アセスメント　I …介入・実施　P …計画

F 服薬コンプライアンス欠如への薬効説明・服薬指導

S 食直前の薬をつい飲み忘れてしまうことが多いので、食後の薬と一緒に飲んでいる。食事には気をつけているが、つい間食をしてしまう。

O ・薬剤　別記　BMI：26.5　標準体重：51.5kg

　　・α-GI 薬の作用や食直前服用の理由を理解していないため、自己判断で食後服用としている。

　　・α-Gi 薬とお茶（特定保健用食品）には相互作用あり。

A ・血糖コントロール不良のため、食事療法を厳守し、そのうえで薬物治療評価を行い、薬剤の追加や変更を検討する必要がある。

　　・中性脂肪が脂質管理目標値を超えており、食事療法を厳守しても目標値に達しなければ治療薬が必要だろう。

I 服薬指導実施

　　・ベイスンの薬効と作用機序を説明し、食直前に服用するよう指導。

　　・手持ち薬を継続して服用するよう指導し、薬効、用法・用量を確認。

P 医師にベイスンとお茶（特定保健用食品）の相互作用について報告し、お茶による服用の可否を検討。

> **ポイント**
> 当てはまる内容が複数ある項目は箇条書きで示す

> **ポイント**
> ここでは省略するが、「服薬指導に対する反応」も記録するとよい

> **ポイント**
> 項目 P に混在していた実施内容を、項目 I に記載することで、根拠（項目 A）との関係性も整理できる

解説 ▶

薬剤師の経過記録で用いられてきた SOAP には、実施した服薬指導の内容を書く項目がないため、ほかの項目に記載せざるを得ませんでした。しかし、2019 年 11 月に「医薬品、医療機器等の品質、有効性及び安全性の確保等に関する法律」（薬機法）が改正され、服薬指導の重要性も増しています。今後は、「服薬指導に対する反応」（項目 S や O）も示し、より具体的に服薬指導の様子（項目 I）が伝わる記録を書くことが求められます。

5 疾病管理・療養指導

記録者 病院：医師

場面概要

　みち子さん（60代、女性）は、糖尿病の管理を目的に定期的な通院をしています。通院には夫も同席しており、以前は糖尿病をもつ妻を子ども扱いするような言動がみられましたが、最近は口を出す機会も減ってきました。

　次の記録は、みち子さんが夫同席のもと、診察室で医師による療養指導を受けている場面を記録したものです。

Before SOAP を用いた経過記録

S…主観的情報　**O**…客観的情報　**A**…アセスメント　**P**…計画

👆**ここが問題！**　項目 A に実施した内容が書かれている

問題点㋐
夫が同席していることは読み取れるが、何に着目した記録かはわからない

問題点㋑
実施した内容が、項目 A に混在している

2017 年 8 月 2 日
㋐ 夫の同席

S　糖尿病の管理方法に関すること、うまくいかなかったこと、その理由なども自分から話してくれる。

O　血糖コントロールも改善しており、同席する夫もあまり口を出さなくなった。以前は、患者を子ども扱いするような言動もみられ、患者をコントロールしようとしているように思われた。

A　糖尿病との向き合い方に変化がみられた。以前よりも主体的かつオープンに管理方法や失敗談を話せるようになってきた。㋑ このことを本人に伝え、血糖をコントロールできていることを伝えた。

P　経験から学び、さらに主体性を発揮できるように振り返りを続けていく。

F-SOAIP を意識した書き方のPOINT

- ・SOAP には実施した内容を記載する項目がありません。そのため、項目 O、A、P に混在してしまうことがよくあります。
- ・Before の場面で記録者（医師）は、みち子さんが積極的に自分のことを話すようになった点に着目しています。この部分を項目 F（焦点）に設定し、情報を整理してみましょう。

After F-SOAIP を用いた経過記録

F…焦点　S…主観的情報　O…客観的情報　A…アセスメント　I…介入・実施　P…計画

2017 年 8 月 2 日

夫の同席

F 自己表現の増加

S 糖尿病の管理方法に関すること、うまくいかなかったこと、その理由なども自分から話してくれる。

O 血糖コントロールも改善しており、同席する夫もあまり口を出さなくなった。以前は、患者を子ども扱いするような言動もみられ、患者をコントロールしようとしているように思われた。

A 糖尿病との向き合い方に変化がみられた。以前よりも主体的かつオープンに管理方法や失敗談を話せるようになってきた。

I 上記を本人に伝え、血糖をコントロールできていることを伝えた。

P 経験から学び、さらに主体性を発揮できるように振り返りを続けていく。

ポイント
項目 F を書くことで記録の内容を把握しやすくなる

ポイント
実施した内容は項目 I に記録する

解説 ▶

医師によるカルテには、多くの場合、SOAP が用いられています。SOAP には、医師が実施した内容、すなわち医行為（診察、検査、処置、手術など）を記載する項目がありません。そのため、これまではほかの項目に織り交ぜて記録するほかありませんでした。F-SOAIP では、実施した内容を項目 I として残すことができます。つまり、F-SOAIP は、医師の記録でも活用できるのです。

 **Column**

項目Fの魅力と医療・介護の協働

田中真佐恵
（摂南大学看護学部）

　医療現場では、SOAPを用いた記録法が広く普及・定着しています。項目上は、生活支援記録法とあまり変わらないように見えますが、項目F（焦点）の有無が大きな差となっています。

　SOAPは、問題思考型システム（Problem Oriented System：POS）に採用されており、「問題」に焦点を当てます。一方、生活支援記録法では、援助内容を振り返りながら記録を書き、そのなかで気づいた視点を項目F（焦点）に記載します。

　この差が現場職員の視点を大きく変えることとなります。以下は、医療現場で携わる看護師2人に、SOAPを用いた記録を生活支援記録法で書き直してもらったときの反応です。

看護師①

　これまでは、「患者への水分摂取の促し」と結果のみを残していました。しかし、項目F（焦点）を意識したことで、「摂取量を患者と一緒に決めた」という援助があったからこそ、結果につながっていたことに気がつきました。援助における専門職の価値に気がついた瞬間でした。

看護師②

　看護問題として「理解力の低下に起因した移乗時の転倒リスク」などと書いていましたが、生活支援記録法を用いたことで、項目F（焦点）に「長年の動作習慣を活用した主体的な移乗方法」などと書くようになりました。「理解力の低下」や「転倒リスク」といった援助者側の視点で書いていた記録が、「長年の動作習慣」という患者の視点に立った記録に変わったのです。

　援助内容を振り返る作業は、患者と援助者の相互作用を考えることにつながります。相互作用がわかれば、援助者が行ったケアの価値も明確に見えてくることでしょう。

　超高齢社会を迎え、複合的な課題をもつ患者が多くいる今、価値を重視した多様なケアが求められています。価値が見えることが、医療と介護の協働の礎になるのではないでしょうか。

場面編　生活支援記録法の実践例

5 行政

1 介護保険サービス利用の促進

[記録者] 福祉事務所：民生委員

場面概要

洋子さん（80代、女性）は、「自分のことは自分でしたい」という意思が固く、民生委員が介護保険サービスの利用を勧めても、気丈に振る舞い、断ってきました。

ところが、この日は、「家事がこなせなくなってきた」と、初めて弱音を吐き、雑然とした部屋の様子からも一人での生活が難しくなっていることがみてとれました。そこで、民生委員は改めて介護保険サービスの利用を勧めました。

Before 叙述形式の経過記録

ここが問題！ 事実と記録者の考えが並列で書かれている

3/20 11:00 高齢者実態調査のための家庭訪問	洋子さん「私も年だね。工夫するだけでは家事がこなせなくってね」と言い、部屋の様子もいつもしっかりしていた洋子さんらしくなく、㋐雑然として㋑いました。 日頃、㋒どんなときでも弱音を吐くことのなかった洋子さんは、身体の限界ギリギリまで一人で頑張ってきたのでしょう。 洋子さんはこれまで介護保険サービスの利用に二の足を踏んでいましたが、手遅れにならないよう㋓祈るような気持ちで、「身の回りのお世話をしてもらうのは特別なことではなく、今までの生活をちょっと支えてもらうだけですよ」と言うと、洋子さんの表情がほぐれ、「私を見守ってくれる人が一人増えるのですね」と言って、㋔サービス利用を受け入れてくれました。

問題点㋐
「雑然」という表現では、部屋の様子が読み取れない

問題点㋑
です・ます調を用いると、一文が長くなりやすい

問題点㋒
「事実」と「記録者の考え」が区別されずに書かれている

問題点㋓
情緒的な表現を用いている

問題点㋔
「今後の計画」が記載されていない

「祈るような気持ちで」という情緒的な表現は、記録者の主観です。専門職の記録における「主観的情報」とはあくまでも利用者の言葉であり、F-SOAIP では項目 S で示します。

After F-SOAIP を用いた経過記録

F…焦点　S…主観的情報　O…客観的情報　A…アセスメント　I…介入・実施　P…計画

3/20 11:00 高齢者実態調査のための家庭訪問	F	介護保険利用の促進
	S	私も年だね。工夫するだけでは家事がこなせなくってね。
	O	・これまで「自分でできる」ことを理由に、介護保険サービスの利用をためらってきた。
		・室内には新聞が散らばっていて、足の踏み場もない。
		・今まで弱音を吐くことはなかった。
	A	・身体の限界ギリギリまで頑張ってきたのだろう。
		・手遅れにならないように改めて介護保険の利用を促す必要がある。
	I	身の回りのお世話をしてもらうのは特別なことではなく、今までの生活をちょっと支えてもらうだけですよ。
	S	表情がほぐれ、「私を見守ってくれる人が一人増えるのですね」と、サービス利用に同意した。
	P	ケアマネジャーに連絡し、契約締結に向けた準備を進める。

ポイント
利用者の言葉を項目Sとして記載する

ポイント
当てはまる内容が複数ある項目は箇条書きで示す

ポイント
常体（だ・である調）を用いると、一文を端的にまとめられる

ポイント
「雑然」という表現を避け、室内の様子を具体的に示す

ポイント
項目で整理することで「事実」とそれ以外を明示できる

ポイント
「今後の計画」は項目Pとして記載する

解説 ▶

記録者・利用者の発言や考えなどの主観的情報と、周囲の環境などの客観的情報が入り混じった記録は、「どこまでが事実なのか」がわかりにくくなってしまいます。F-SOAIP で整理すると、それらの判別が一目で可能な記録となります。

2 児童虐待の疑いがある家庭への訪問

[記録者] 児童相談所：児童福祉司

[場面概要]

地域住民から児童相談所へ「修さん（40 代、男性）宅から児童の泣き声が頻繁に聞こえ、心配です」との通報が入りました。虐待の可能性も考えられるため、児童福祉司が修さん宅を訪問し、事情を説明したところ、修さんは「しつけのために殴ることはあるが、手加減はしています」と話します。

次の記録は、修さんとのやりとりを記載したものです。

[Before] 叙述形式の経過記録

ここが問題！ 利用者と記録者の発言が並列で書かれている

問題点㋐
利用者、記録者の発言が並列に記載されているため、主観的情報と客観的情報の区別が難しい

問題点㋑
「～ところ」「～だが」などの表現を多用しているため、一文が長く、情報が伝わりにくい

問題点㋒
主語が省略されており、誰の発言かは文脈から推測しなければわからない

日時／方法	支援経過
7/20 16:00 家庭訪問	近隣の住民より㋐児の泣き声が続いているので心配という声があって伺ったことを説明した㋑ところ、㋐㋒余計なおせっかいだから引き取ってほしいとのこと。 ㋑そこで、児への虐待が問題になっており、㋐児の様子を確認しなければいけないことになっていることを説明した㋑ところ、しつけは親のつとめ㋑で、㋐㋒殴っても手加減しているとの訴えあり。しつけは大切㋑だが、㋐ほかにしつけの方法があるのではないかと問うた㋑が、㋐㋒「あるなら、今言ってみろよ」と言われた。ほかの方法を見つけるためにも、㋐詳細を把握するための時間をとってほしいと提案した㋑が、㋐今日は帰るように言う㋑ので、明日同時刻に伺うこととした。

F-SOAIP を意識した書き方のPOINT

・叙述形式の経過記録では、複数人の発言者がいる場合、発言が並列で記載されると、誰の発言かがわかりにくくなります。
・会話場面の記録では、記録者の発言を「と提案」、利用者等の発言を「との訴え」「とのこと」などと表現しがちです。このような表現も、F-SOAIP を用いると、項目 S、O、I により誰の発言か明確にできるため、主語を省略できます。

After F-SOAIP を用いた経過記録

F…焦点　**S**…主観的情報　**O**…客観的情報　**A**…アセスメント　**I**…介入・実施　**P**…計画

日時 / 方法	支援経過
7/20 16:00 家庭訪問	**F** 虐待の疑いの事実確認
	O 近所より児の泣き声が心配との通報あり。
	S ・余計なおせっかいだから引き取ってほしい。
	・しつけは親のつとめで、殴っても手加減している。
	・ほかに方法があれば聞きたい。
	・今日は帰ってほしい。
	I ・児の泣き声が続いているので心配という声があって伺った。
	・児の様子を確認しなければいけないことになっている。
	・ほかにしつけの方法があるのではないか。
	・詳細を把握するために時間をとってほしい。
	A 「今日は」という表現から、日をあらためて話を伺える可能性あり。
	I 明日の同じ時間にまた来ます。その際、児とも会わせてください。
	S わかったから、とにかく今日は帰ってくれ。しつこいなあ。
	P 明日の同時刻に訪問。児の様子も確認する。

ポイント
項目ごとに整理するため、接続詞を用いる必要がない

ポイント
項目Sに本人の発言、項目Iに記録者の発言を記録することで、発言者を明確にできる

ポイント
叙述形式では漏れていた記録者の考えを項目Aに記載する

解説 ▶

よく「記録は 5W1H[※1] や 6W3H[※2] を守ればよい」といわれます。しかし、それは文章が成立するための前提に過ぎません。経過記録においては、情報が整理され、経緯が読み取れることが大切です。F-SOAIP を用いるだけではなく、箇条書きにするなど、情報を読み取りやすい工夫をすることも必要です。

※1　5W1H…Who（誰が）、When（いつ）、Where（どこで）、What（何を）、Why（なぜ）、How（どのように）
※2　6W3H…Who（誰が）、Whom（誰に）、When（いつ）、Where（どこで）、What（何を）、Why（なぜ）、How（どのように）、How many（どのくらいの数）、How much（いくらか）

3 給与差し押さえ通知に関する相談への対応

記録者 生活困窮者自立相談支援機関：相談支援員

場面概要

　自立相談支援事業の相談支援員のもとへ武さん（40代、男性）から、「債務整理をしたつもりだったが、給与の差し押さえ通知が届いた」との相談が寄せられました。

　そこで、相談支援員は、給与の差し押さえが行われた経緯と、家計について、武さんの妻に確認を行いました。

Before 叙述形式の経過記録（支援経過記録シート）

ここが問題！ 「支援員コメント」欄が支援のどの時点に関する内容か判別できない

方法	□電話相談・連絡　□訪問・同行支援　■面談　□所内会議
対応相手先	■本人　□家族（＿＿＿＿＿＿）　□関係機関　□その他

問題点㋐
「対応内容記録」欄は、「詳細記録」欄の要約だが、一文が長いためポイントがわかりにくい

㋐ 対応内容記録

債務整理をしたつもりだったが、給与の差し押さえ通知が届いたとの相談に対して、債務整理状況と家計の把握を勧めた。

詳細記録（聞き取り事項・確認した事実、対応状況等）

債務整理をしたつもりだったが、給与の差し押さえ通知が届いた。

問題点㋑
記録者の判断・考えと実践した内容の区別がつかない

①給与の差し押さえについて：㋑1社について債権差し押さえ命令が届いているが、今後、他社が手続きをする可能性もあるので、債務整理の状況について確認する必要がある。

⇒（妻）自己破産について、弁護士事務所に相談していた。

②家計の把握について：㋑給与の差し押さえが行われた場合に、どのように対応したらよいかを検討するため、一度、家計について詳しく聞かせてほしい。

⇒（妻）週明けに来所したい。

㋒ 支援員コメント

問題点㋒
「支援員コメント」欄は、「詳細記録」欄の内容に対するコメントを記載する欄だが、本例では「計画」が記載されている

①債務について：週末の無料法律相談で、本ケースの対応について意見をもらう。

②家計について：次回面接時、家計表を作成してもらう。債務の状況について、妻がひきこもりの夫から必要な情報をうまく引き出せるよう支援する。

F-SOAIP を意識した書き方のPOINT

この様式では、「対応内容記録」欄は項目Fを、「詳細記録」欄は項目S、O、A、I、Pを記載する欄として使用できます。「債務整理」「家計の把握」という2つの対応について、それぞれ項目を用いて整理してみましょう。なお、叙述形式の「支援員コメント」欄の内容は、そのまま項目Aに記載できます。

After F-SOAIP を用いた経過記録（支援経過記録シート）

F…焦点　**S**…主観的情報　**O**…客観的情報　**A**…アセスメント　**I**…介入・実施　**P**…計画

方法	□電話相談・連絡　□訪問・同行支援　■面談　□所内会議
対応相手先	■本人　□家族（＿＿＿＿＿）　□関係機関　□その他

対応内容記録 F

①債権差し押さえ命令への対応　②今後の家計管理 ●

> ポイント
> 項目Fは「対応内容記録」欄に記載する。2つ以上考えられるときは、番号を振る

詳細記録（聞き取り事項・確認した事実、対応状況等）S O A I P

S ①債務整理をしたつもりだったが、給与の差し押さえ通知が届いた。

S（妻） ②債権差し押さえに伴い、家計の状況について相談したい。

> ポイント
> 家族やキーパーソンの言葉は、Sの後に続柄や関係を記す

A ①1社より債権差し押さえ命令が届いているが、今後、他社が手続きをする可能性がある。●

　②給与の差し押さえがされた場合の対応を検討する必要がある。家計の把握には夫の協力が必要。

I ①債務整理の状況について急ぎ確認したい。●

　②一度、家計について詳しく聞かせてほしい。

> ポイント
> 記録者の判断・考え（項目A）と実践した内容（項目I）は分けて整理する

S（妻） ①自己破産について、弁護士事務所に相談していた。

　②週明けに来所したい。

P ①週末の無料法律相談で本ケースの対応について意見をもらう。●

　②次回面接時、家計表を作成してもらう。債務の状況について、妻がひきこもりの夫から必要な情報をうまく引き出せるよう支援する。

> ポイント
> 「支援員コメント」欄に記載されていた「今後の計画」は項目Pとして記載する

支援員コメント

※本例では、項目Fごとに文字の色を変えています

解説 ▶

「支援員コメント」欄は本来、F-SOAIPの項目Aにあたる記録者の判断などを記載するための欄です。しかし、「今後の計画」が記されているなど、異なる使われ方をしていることも少なくありません。F-SOAIPを用いる際も、「支援員コメント」欄に書けるのは、項目Aのみであることを押さえておきましょう。

4 定期面接による状況把握

[記録者] 基幹相談支援センター：相談支援専門員

場面概要

麻美さん（30代、女性）には発達障害があり、職を転々としています。趣味は読書で、役場の図書コーナーで本を読むことが日課のようになっています。

ある日、相談支援専門員が麻美さんに声をかけ、就職活動の様子を伺いました。

Before 表形式の経過記録

ここが問題！ 表の各項目に書かれた内容がどのように関連しているかが読みとれない

目的	定期面接による状況把握
主訴	求人に応募したが不安／薬変更
㋐収集した情報	先日、事務職に応募し、書類選考が通って面接を受けてきたとのこと。職歴を聞かれ、受け答えがうまくいかなかったので不安という。病院にはきちんと通院している。不安が強くなることがあると主治医に相談したところ、薬を続けるしかないと言われた。薬には抵抗があったので弱い薬を処方してもらい、様子をみていくことになった。
アセスメント	㋑・就職活動をしてきたが、いつも同様の不安を感じているようだ。 ㋑・これまで医療への不信感が強かったが、主治医にきちんと相談できていること、主治医の指示に従ったことから、医療を受け入れられるようになったのかもしれない。
支援内容	㋑・就職活動は結果にかかわらず、前向きに応募したことを評価し、たとえ残念な結果でも次につなげられることを伝えた。 ㋑・きちんと通院を続けていくことで安心できると伝えた。
反応	㋑・「就職活動はやることをやったので結果を待つのみ」と話された。 ㋑・主治医に相談したら、薬を変えてくれたので相談してよかった。
今後の計画	定期面接を継続する。

問題点㋐
「収集した情報」欄には本人の訴えを中心に、本人に関する情報のみが記載されている

問題点㋑
「・」を用いて箇条書きにしているものの、記述同士の関連性がわかりにくい

F-SOAIP を意識した書き方のPOINT

記録内には、「就職活動」「病院の受診」という2つの話題が含まれています。「・」を用いて整理しているものの、文章を読まなければ、どちらの話題について書かれているのか把握することはできません。話題に応じて番号を振るなどの工夫が必要です。

After F-SOAIP を用いた経過記録

F…焦点　S…主観的情報　O…客観的情報　A…アセスメント　I…介入・実施　P…計画

目的	定期面接による状況把握

F ①求人応募結果の受け入れ　②受診継続の意向

S ①先日、事務職に応募し書類選考が通って面接を受けてきた。職歴を聞かれ、受け答えがうまくいかなかったので不安。

②病院にはきちんと通院している。不安が強くなることがあると主治医に相談したところ、薬を続けるしかないと言われた。薬には抵抗があったので弱い薬を処方してもらい、様子をみていくことになった。

O ①これまで職を転々としてきた。

A ①就職活動をしてきたが、いつも同様の不安を感じているようだ。

②これまで医療への不信感が強かったが、主治医にきちんと相談できていること、主治医の指示に従ったことから、医療を受け入れられるようになったかもしれない。

I ①就職活動は結果にかかわらず、前向きに応募したことを評価。たとえ残念な結果でも次につなげられる。

②きちんと通院を続けていくことで安心できる。

S ①就職活動はやることをやったので結果を待つのみ。

②主治医に相談したら、薬を変えてくれたので相談してよかった。

P ①②定期面接を継続。

ポイント
元の記録様式にある「主訴」は、「収集した情報」をまとめたものだが、項目Fは場面の焦点を表すため、必ずしも合致しない

ポイント
話題ごとに項目Fを立て、番号を振って関連する内容を整理する

※本例では、項目Fごとに文字の色を変えています

解説 ▶

本事例では、元の記録様式のうち、「主訴」欄より下の項目をF-SOAIPに変更しましたが、元の記録様式のままでも同様に整理することは可能です。元の記録様式の項目が、F-SOAIPのどれに近い内容かを判断し、記録を書いてみましょう。

第3章　場面編　生活支援記録法の実践例

5 家庭訪問による状況把握

[記録者] 福祉事務所：社会福祉主事（ケースワーカー）

場面概要

徹さん（40代、男性）は、事業の失敗により財産をすべて失い、生活保護を受給しています。

ケースワーカーが家庭訪問を行い、面接を行ったところ、顔色が悪いのを発見。面接を通じて、食欲がなく倦怠感があること、離婚した妻や子どもに罪悪感を抱いていること、法テラスで債務整理を行っていることなどがわかってきました。

Before 叙述形式の経過記録

ここが問題！ 時制の異なる内容が混在している

日時 / 方法	取扱経過
10月15日 14:30 定例訪問	㋐生活状況把握および求職活動状況把握のため。主在宅。居宅にて主と面談。 ㋑< 主の体調について > 顔色が悪かった。食欲なく、倦怠感があるとのこと。受診を勧め、主も了解する。 ㋑< 妻子について > ㋒主が営んでいた工場の経営悪化で2年前に離婚。離婚後、子どもとは面会できず。借金を抱え、子に会えないことに「喪失感、罪悪感」とのこと。 ㋑< 債務について > ㋒法テラスにて債務整理。自己破産手続きを進めている。手順説明のため、当職より1週間後に来所するよう伝達。主から了承を得た。 ㋑< 主の就労状況について > ハローワークに行くのは自己破産の手続き後がよいとのこと。当職より、まず、債務整理を行い、見通しが立ったところで就労に向けて動いていくことを勧める。 また、求職活動の有無にかかわらず、求職活動状況報告書の提出が必要。次回来所の際に提出するよう伝達。主から了承を得た。 ㋑<CW の所見 > アルコール依存症等の疾患が懸念されたが、飲酒していなかった。 生活状況の把握により「酔いつぶれるほど飲まない」とのことが聞かれたため、内科疾患も含めた状況を確認することとしたい。 また債務整理を優先して着実に実施し、就労については、今後の面接において病状、従事できる職種等に関する本人の意向を確認のうえ、支援方法を検討したい。

問題点㋐
記録の焦点がわかりにくい

問題点㋑
見出しを立てて整理しているものの、文字量が多く、判別しづらい

問題点㋒
過去・現在・未来の話が入り混じるため、「実施した内容」と「今後の計画」の判別が難しい

F-SOAIP を意識した書き方のPOINT

支援の過程では、一度にさまざまな話題について話し合うことは珍しくありません。そのため、過去・現在・未来のどの時点の話なのか、利用者のどの話を受けての支援なのかなどを明確にしながら記録しなければ、冗長な記録となってしまいます。

After F-SOAIP を用いた経過記録

F…焦点　S…主観的情報　O…客観的情報　A…アセスメント　I…介入・実施　P…計画

日時 / 方法	取扱経過
10月15日 14:30 定例訪問	**F** ①体調確認　②妻子について　③債務整理の支援　④就労支援 **S** ①食欲なく、倦怠感がある。 ②子どもに会えないことに喪失感・罪悪感がある。 ③法テラスにて債務整理。自己破産手続きを進めている。 ④ハローワークに行くのは自己破産の手続き後がよい。 **O** ①顔色は悪いが、飲酒はしていなかった。 ②工場の経営悪化で2年前に離婚後、子どもに会えていない。 ④前回の訪問時よりも落ち着いた様子。 **A** ①アルコール依存症等の疾患が懸念される。 ③就労支援の前に債務整理の手続きを行い、見通しを立てる必要がある。 ④就労に少しずつ前向きになっていると思われる。 **I** ①内科への受診を勧め、了承を得た。 ③手順説明のため、当職より1週間後に来所するよう伝え、主から了承を得た。 ④・まずは債務整理の手続きを行い、見通しが立ったところで就労に向けて動いていくことを勧めた。 ・求職活動の有無にかかわらず、求職活動状況報告書の提出が必要。次回来所の際に提出するよう伝え、了承を得た。 **P** ①内科の受診状況を確認する。 ③債務整理を優先して着実に実施していく。 ④就労については、今後の面接において病状、従事できる職種等に関する本人の意向を確認のうえ、支援方法を検討。

ポイント
話題ごとに項目Fを立て、番号を振って関連する内容を整理する

ポイント
過去に関する情報は主に項目O、この場面で実践したことは項目I、今後の対応は項目Pに記載するため、時制が整理される

ポイント
話題ごとに整理すると、十分に話ができていなかった内容があることがわかる(事例では、「妻子について」)

※本例では、項目Fごとに文字の色を変えています

解説 ▶

今回の記録には、「体調確認」「妻子について」「債務整理の支援」「就労支援」という4つの話題が含まれています。話題ごとに項目Fを立て、番号を振って整理することで、読み手が理解しやすい記録とすることができます。

第3章　場面編　生活支援記録法の実践例

 **Column**

生活困窮者自立支援における生活支援記録法の有効性

髙石麗理湖
（厚生労働省社会・援護局地域福祉課生活困窮者自立支援室 生活困窮者支援計画官）

ソーシャルワークの専門性が反映できる記録とは

　医療ソーシャルワーカー（以下、MSW）としての就労時、電子カルテが導入され、看護師やリハビリ職はSOAPを採用しました。MSWも電子カルテに経過記録を書くよう求められましたが、簡潔にわかりやすい記録を書くことだけが決まりました。

　しかし、どうすれば多職種で共有する記録にソーシャルワークの専門性が反映できるかわからず、ほかのMSWからも「どう記録を書いたらよいかわからない」など、記録の書き方に悩む声が挙がりました。

生活支援記録法との出会い

　その矢先、日本医療ソーシャルワーク学会主催の研修会で生活支援記録法に出会い、支援経過をSOAPに当てはめることに違和感を覚えていた理由がようやくわかりました。それは、MSWの実践過程を示すことができないことが原因でした。また項目F（焦点）やその他5項目（S、O、A、I、P）を順不同で使用できるという柔軟性にも衝撃を受けました。

　職場で伝達講習を行い、導入したところ、MSWからは「記録が書きやすくなった」「クライエントをより観察できるようになった」「ほかの人の記録を読むと、アセスメントの視点やMSWとしてのはたらきかけが勉強できる」などの感想が聞かれました。他職種からも「MSWが何を考え、どうかかわっているのかわかりやすくなった」との意見が寄せられました。

　生活支援記録法は記録者と読み手の双方にとって効率的です。MSWにとっては、リフレクションや思考の整理につながり、OJTにも役立ち、連携・協働に有効的な記録法だと実感しています。

生活困窮者自立支援における生活支援記録法の有効性

　生活支援記録法は多職種で具体的な支援経過を共有できるため、連携ツールとして有効です。MSWに限らず、多機関とのネットワークを築きながら、複合的で多様な課題を抱えた生活困窮者の自立支援に携わる相談員にも有効であると考えます。生活支援記録法の導入により、多機関・多職種との連携を促進することが、着実な生活困窮者の自立支援につながるものと考えます。

F S O A I P

6 会議・プロジェクト評価・研修

1 支援調整会議（評価の実施）

記録者 生活困窮者自立支援機関：主任自立支援専門員

場面概要

　雄太さん（20代、男性）は、母親と二人暮らしをしています。低所得のため、生活困窮者自立支援制度を利用しています。

　社会資源の活用などによる支援を続けてきた結果、生活の安定を図ることができたため、評価実施を目的に支援調整会議を実施しました。

Before 叙述形式の経過記録（支援経過記録シート）

 ここが問題！ 「支援員コメント」欄がどの時点の内容か把握できない

方法	□支援調整会議（プラン策定）　■支援調整会議（評価実施）
対応相手先	■本人　■家族（　　　　　　　）　■関係機関　□その他

対応内容記録
自宅にて、プラン終結に向けての調整会議（プラン評価）を実施した。
㋐**詳細記録**（聞き取り事項・確認した事実、対応状況等）

問題点㋐
「詳細記録」欄の内容と「支援員コメント」欄の内容のつながりが把握しづらい

問題点㋑
本人の近況や同席していた関係者の発言が並列に記載されているため、判別が難しい

（評価）母：「お姉ちゃんに負担をかけていたので、お金が入るようになってよかったです。働けるようになるなんて思ってもみませんでした」
　　　　本人：「親身になってくれた専門員さんに励まされて元気になった」
・㋑療育手帳B2取得。障害基礎年金2級が認定され受給開始となった。
・就労継続支援B型に週5日通所できるようになった。
・予想以上に他者との良好な交流ができるようになった。
・㋑通所前は徘徊が目立ち、不審者扱いされることもあったが、通所開始後は手帳を見せることが身についたせいか、地域で理解されるようになった。

㋐支援員コメント

（現在残された課題）年金と工賃による世帯収入は保護基準以下。母親は質素な生活を希望し、生活保護申請をする意向はない。姉夫婦の生活に影響しないよう、姉と姉婿に対しては自分たちの生活を大切にするよう話した。
（今後の方向性）本評価会議をもって支援を終結とする。

F-SOAIP を意識した書き方のPOINT

支援経過記録シートを用いる場合、「詳細記録」欄には項目 S、O、I に相当する内容を、また「支援員コメント」欄には項目 A に相当する内容を記載します。しかし、本例では今後の計画なども「支援員コメント」欄に書かれているため、整理が必要です。「対応内容記録」欄に項目 F を立てて、「詳細記録」欄で項目 S、O、A、I、P を用いて整理してみましょう。

After F-SOAIP を用いた経過記録（支援経過記録シート）

F…焦点　S…主観的情報　O…客観的情報　A…アセスメント　I…介入・実施　P…計画

方法	□支援調整会議（プラン策定）　■支援調整会議（評価実施）		
対応相手先	■本人　■家族（　　　）■関係機関　□その他	場所	自宅

ポイント
「場所」欄を設けることで、より詳細に記録できる

対応内容記録 F

F 終結に向けてのプラン評価（今後の生活と仲間との交流）

ポイント
「対応内容記録」欄に項目 F を記載することで、一目で記録の概要を把握できる

詳細記録（聞き取り事項・確認した事実、対応状況等）**S O A I P**

S（母）「お姉ちゃんに負担をかけていたので、お金が入るようになってよかったです。働けるようになるなんて思ってもみませんでした。質素な生活がよいので、生活保護を申請するつもりはありません。」

S 親身になってくれた専門員さんに励まされて元気になった。

S（姉） 母と弟のことは、これからも助けていこうと夫と話をしたんです。

O ・支援過程で活用した社会資源（療育手帳 B2、障害基礎年金 2 級、就労継続支援 B 型通所（週 5 日））。
・年金と工賃による世帯収入は保護基準以下。

A ・予想以上に他者との良好な交流ができるようになった。

O（民生委員） 通所前は徘徊が目立ち、不審者扱いされることもあったが、通所開始後は手帳を見せることが身についたせいか、地域で理解されるようになった。

O（相談支援専門員） 施設では作業に集中できているので見守っていきたい。

I ・本人と母親には、困ったことがあればいつでも相談するよう勧めた。
・姉夫婦には、自分たちの生活を大切にするよう話した。

P 本評価会議をもって支援を終結とする。

ポイント
「支援員コメント」欄をなくし、「詳細記録」欄に SOAIP で記載することで、一つの欄のなかで経緯が完結する

ポイント
当てはまる内容が複数ある項目は箇条書きで示す

ポイント
同席していた関係者の発言は項目 O として明示する

解説 ▶

ふだんから使用している支援経過記録シートなどでも、F-SOAIP の項目を用いることで、ポイントを端的に示せます。また、After では省略した「支援員コメント」欄に項目 A を記載してもよいでしょう。

第 3 章　場面編　生活支援記録法の実践例

2 栄養マネジメント

[記録者] 特別養護老人ホーム：栄養サポートチーム

[場面概要]

文子さん（70代、女性）が利用している特別養護老人ホームでは、主治医、介護職、看護職、栄養士、生活相談員で構成された栄養サポートチーム（NST）を設置しています。NSTには、利用者や家族にも参加してもらい、今後の方針の検討などを行っています。

文子さんは、以前から円背による前傾姿勢がみられ、食事への影響が懸念されていました。次の記録は、長男同席のもと、NSTで文子さんへの対応方法を話し合った場面です。

Before 叙述形式の経過記録

ここが問題！ 実施した内容と対応予定との判別がつかない

問題点㋐
参加者の発言やNSTとしてのアセスメントが入り交じり、判別しづらい

問題点㋑
職種ごとに対応が書かれているが、実施した内容か計画かの判別ができない

モニタリング総評	
㋐長男は、「生活に極端な影響がない程度食べて、施設で穏やかに暮らせれば結構です」とのことで、㋐主治医より、「嚥下については検査上の問題はない。円背による前傾姿勢に注意して、本人が食べたいものを中心に組み立てましょう」との説明あり。円背のため、リクライニング車いすの使用はあまり効果が㋐感じられない。ハイバックタイプのソファを使用するほうが食事の摂取によいように㋐感じる。上記をもとに、NST活動を実施。今後は、食事はハイバックタイプのソファを使用することとした。	
㋑介護課	前傾姿勢に注意。食事、水分摂取量の把握と報告。
㋑看護課	異常時の早期対応。
㋑栄養課	体重と食事摂取量の把握。
㋑相談課	家族との連絡調整。

F-SOAIP を意識した書き方のPOINT

・「モニタリング総評」欄を F-SOAIP で整理するとともに、4 つの職種の対応が今後の対応予定であることがわかるようにしましょう。
・事例では、介護職や看護職といった個々の職種としてではなく、NST として実践を行っています。記録においても、項目 I の主語は、NST となります。

After F-SOAIP を用いた経過記録

F…焦点 S…主観的情報 O…客観的情報 A…アセスメント I…介入・実施 P…計画

モニタリング総評	
F 食事時ポジショニングによる食事摂取量改善	
S（長男） 生活に極端な影響がない程度食べて、施設で穏やかに暮らせれば結構です。	
O（主治医） 嚥下については検査上の問題はない。円背による前傾姿勢に注意して、本人が食べたいものを中心に組み立てましょう。	
A 円背のため、リクライニング車いすの使用はあまり効果が感じられない。ハイバックタイプのソファを使用するほうが食事の摂取によいように感じる。	
I 上記をもとに、NST 活動を実施。	
P 食事はハイバックタイプのソファを使用することとした。	
介護課	P 前傾姿勢に注意。食事、水分摂取量の把握と報告。
看護課	P 異常時の早期対応。
栄養課	P 体重と食事摂取量の把握。
相談課	P 家族との連絡調整。

ポイント
他職種から得た情報は O（職種名）として表記する

ポイント
参加者の発言や NST としてのアセスメントを整理することで、項目 P に至った経緯を見える化できる

ポイント
項目 P を用いることで各職種名の後に記載されていた対応が今後の予定だと判断できる

解説 ▶

「モニタリング総評」欄を F-SOAIP で記載することにより、家族の意向や主治医の意見を明確に示すことができます。そのため、なぜ NST や各職種が当面の計画として記録中にあるようなことを設定したのか、その根拠がわかるようになります。

3 情報共有ツールとしての活用

記録者 地域包括支援センター：社会福祉士

場面概要

デイサービスを利用している絹代さん（80代、女性）の活気が日に日になくなっていっていることに、介護職が気づきました。絹代さんに話を伺うと、「通帳を長男に預けたため、お金を自由におろせなくなった」と話します。

介護職から報告を受けた社会福祉士は、報告の内容を記録し、本人へ事実確認のうえ、市役所介護保険課へ報告することとします。

Before 叙述形式の経過記録

ここが問題！ 記録者による実践が書かれていない

日時 / 方法	支援経過
12/3 12:30 デイサービスの生活相談員より電話	体重が 32 キロと減っている。日に日に活気がなくなっている。 通帳を長男に預け、お金を自由におろせなくなったと言っていたとのこと。 虐待の判断はできないが、㋐体重が減っていること、長男が通帳を管理していることから本人と面談が必要と思われる。 明日、本人と面談し、事実確認の実施と市役所介護保険課へ報告することとした。

問題点㋐
情報を読点でつなぐと、一文が長くなりやすい

F-SOAIP を意識した書き方のPOINT

「長男による経済的搾取」が疑われる場面です。記録においては、なぜそのように判断できるのか、その理由が読み手にも伝わる必要があります。箇条書きを用いるなど、一目でわかる工夫をしましょう。

After F-SOAIP を用いた経過記録

F…焦点　S…主観的情報　O…客観的情報　A…アセスメント　I…介入・実施　P…計画

日時 / 方法	支援経過
12/3 12:30 デイサービスの生活相談員より電話	**F** 長男による経済的搾取の疑い **S** 通帳を長男に預け、お金を自由におろせなくなった。 **O** ・体重が 32 キロと減っている。 　　・日に日に活気がなくなっている。 **A** 虐待の判断はできないが、以下の理由で本人と面談が必要。 　　・体重が減っている。 　　・長男が通帳を管理している。 **I** 本人と会って話がしたい。 **P** ・明日、本人と面談し、事実確認を実施。 　　・市役所介護保険課へ報告。

ポイント
判断の基準となる重要なポイントは箇条書きで簡潔かつ明確に示す

解説 ▶

他職間・他機関間で情報共有を図る場合、記録は有用なツールとなります。しかし、各専門職が用いている記録様式が不統一だったり、文章力に不安をもつ職員がいたりすると、肝心な情報を共有できないことがあります。F-SOAIPで整理すると、こうした事態に陥りにくいという特徴があります。

4 サービス担当者会議

[記録者] サービス担当者会議（居宅）：介護支援専門員（ケアマネジャー）

場面概要

歩行に困難を抱えていた進さん（70 代、男性）について、進さん、妻、理学療法士（PT）、デイサービス生活相談員（DS）、ケアマネジャー出席のもと、サービス担当者会議を行いました。

当初の目標であった「台所に立つ」「転倒せずに歩ける」は達成することができたため、他職種の意見をふまえ、新たに目標を設定します。

本例は、本会議に参加していたケアマネジャーが経過記録として議事をまとめたものです。

Before 経過記録としてまとめた議事録

ここが問題！ 各職種の意見の関連性が読みとれない

問題点㋐
＜＞書きで小見出しを立て、箇条書きでまとめているが、記録者によって表現に差異があると、誤解につながりかねない

日時 / 方法	経過記録
6/20 15:00 サービス担当者会議 出席者 ・利用者 ・妻 ・PT ・DS ・当職	議題：今後の目標について ㋐＜本人の状況＞ ・当初の目標でもあった「台所に立つ」「転倒せずに歩ける」は達成。現在、外歩行は妻と一緒に駅まで休み休み行けている。 ・肩関節の痛みは継続的にあるが、PT が介入していることで可動域も維持でき、着替えなどは自分で行えている。 ・家事も洗濯物を畳んで各自の部屋に持って行ったり、朝食をつくったりしている。火の始末には気をつけているが、今後は電磁調理器具への変更を検討している。 ・毎日、自宅・デイを問わず、自主トレを欠かさない。 ㋐＜本人の意向＞ ・ジャンプできるようになりたいな。長距離を休まないで歩けるようになりたい。 ・肩の痛みはあるのでこのままリハビリを継続したい。 ・家族の役に立ちたい。（朝食づくりや妻の家事手伝い）

Ⓐ＜妻の意向＞

・家族全員分の朝食をつくってくれて助かっている。

・火の始末に不安があり、息子からも強く言われ、電磁調理器具に切り替える予定。

・家族のために何かをすることが昔から好きな人。

・洗濯物などもお願いするようにしている。

・外にはまだ一人で出てほしくない。車が来ても避けることができないので不安。以前も急に意識がなくなり、転倒したことがあるので不安。

Ⓐ＜当職の意見＞

・本人の役割としては、家族のために食事をつくったり、家事の手伝いをすること。それらが継続できることは大事。

・Ⓘ ジャンプは本人の身体機能から見て可能か。Ⓘ 長距離歩行を可能にするにはどうしたらよいか。

＜ PT の意見＞

・肩関節に関しては継続介入が必要な状態。

・足首の麻痺に関してはほぼ改善傾向であり、足先を自由に動かすことができている。つま先立ちができるようになった。脳障害により、筋肉が硬くなるタイプなのでほぐしが必要。

・下肢筋力自体は十分ある。持久力をつけるためのメニューを考える必要がある。車を避けるには反射神経を使うため、訓練していく必要がある。Ⓤ 横へ飛ぶ前に、目の前の障害物を超えるように飛ぶ練習から始めてもよいかも。

Ⓐ＜ DS の意見＞

・デイの利用中は麻雀が好きで仲間もおり、楽しく参加されている。

・運動はデイのメニューのほかに自主トレも継続して行っている。ほとんど休むことなくいろいろな活動に参加されている。

・他者との交流も楽しくされている。

・持久力をつける訓練はデイでも検討していく。

ⒶⒺ＜目標＞

・ジャンプや障害物を避けることができ、一人での外出ができるようになること。休み休み歩いている距離を、休まないで歩けるようになることを目標にしていく。

・本人の役割である家族の食事づくりの継続と妻への手伝いを継続していくことも目標。

・本人は今行っている自主トレを継続していく。涼しくなったら散歩を開始。訪問リハビリもその目標を達成できるようにメニューを考えていく。

・デイでは他者との交流を大事にし、趣味活動の継続と上記目標達成においては平行棒に捕まりながらジャンプの練習とフロア内 10 周または近所の公園までの歩行訓練を行っていく。

問題点Ⓘ

＜当職の意見＞には、アセスメントの内容が含まれている

問題点Ⓤ

他職種の意見にも、アセスメントの内容が含まれている

問題点Ⓔ

各職種の意見と目標のつながりが読みとれない

F-SOAIP を意識した書き方のPOINT

サービス担当者会議のような複数の職種が一堂に会する場面では、職種ごとに意見をまとめていくと、次のような問題が生じます。

◆ **各職種が計画を立てた経緯が読み取れない**
各職種がどのようにアセスメントし、計画を立案したかという経緯が読み取れなくなります。

◆ **各職種間の意見のつながりが読み取れない**
同じ事柄に言及しているにもかかわらず、職種間のつながりが見えない記録となってしまいます。

After F-SOAIP を用いた議事録

F…焦点　S…主観的情報　O…客観的情報　A…アセスメント　I…介入・実施　P…計画

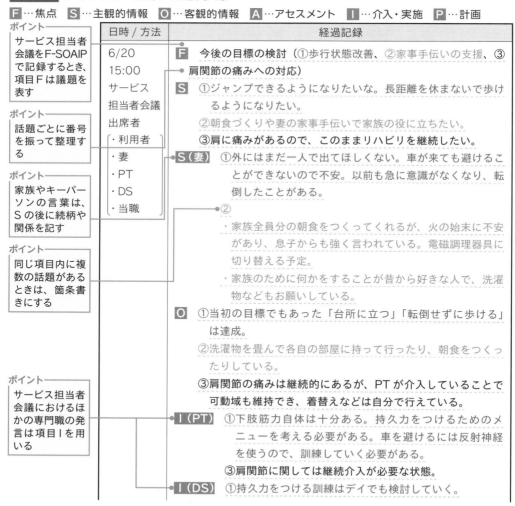

ポイント	日時 / 方法	経過記録
サービス担当者会議をF-SOAIPで記録するとき、項目Fは議題を表す	6/20 15:00 サービス担当者会議 出席者 ・利用者 ・妻 ・PT ・DS ・当職	**F** 今後の目標の検討（①歩行状態改善、②家事手伝いの支援、③肩関節の痛みへの対応）
話題ごとに番号を振って整理する		**S** ①ジャンプできるようになりたいな。長距離を休まないで歩けるようになりたい。 ②朝食づくりや妻の家事手伝いで家族の役に立ちたい。 ③肩に痛みがあるので、このままリハビリを継続したい。
家族やキーパーソンの言葉は、Sの後に続柄や関係を記す		**S（妻）** ①外にはまだ一人で出てほしくない。車が来ても避けることができないので不安。以前も急に意識がなくなり、転倒したことがある。
同じ項目内に複数の話題があるときは、箇条書きにする		② ・家族全員分の朝食をつくってくれるが、火の始末に不安があり、息子からも強く言われている。電磁調理器具に切り替える予定。 ・家族のために何かをすることが昔から好きな人で、洗濯物などもお願いしている。
		O ①当初の目標でもあった「台所に立つ」「転倒せずに歩ける」は達成。 ②洗濯物を畳んで各自の部屋に持って行ったり、朝食をつくったりしている。 ③肩関節の痛みは継続的にあるが、PTが介入していることで可動域も維持でき、着替えなどは自分で行えている。
サービス担当者会議におけるほかの専門職の発言は項目Iを用いる		**I（PT）** ①下肢筋力自体は十分ある。持久力をつけるためのメニューを考える必要がある。車を避けるには反射神経を使うので、訓練していく必要がある。 ③肩関節に関しては継続介入が必要な状態。
		I（DS） ①持久力をつける訓練はデイでも検討していく。

③運動はデイのメニューのほかに自主トレも継続して行っている。ほとんど休むことなく、いろいろな活動に参加されている。

A ①現在、妻と一緒に駅まで休み休み行けているが、ジャンプは本人の身体機能から見て可能か。長距離歩行を可能にするにはどうしたらよいか。

②本人の役割である家事の手伝いを継続できることが大切。

③痛みはあるものの、リハビリの継続に前向きな様子。

I ①ジャンプで障害物を避けること、一人での外出を目標とすることを提案し、同意。

②ご家族のことを大切にされているんですね。これからも家事を手伝えるようリハビリを頑張っていきましょう。

①②③　話し合いを行い、計画を策定。本人・家族の了解を得た。

P ①休み休み歩いている距離を休まないで歩けるようになることを目標にする。

②家事の手伝いを継続できるよう支援する。

③肩関節の痛みが家事の手伝いなどに影響しないよう支援を継続する。

ポイント
利用者の状態や家族の意向、各職種のアセスメントの結果をすり合わせるために話し合いを行ったことを記載する

※本例では、項目Fごとに文字の色を変えています

解説 ▶

事例のように箇条書きで書かれた記録と見比べてみると、見た目のうえでは大きな変化はないように感じるかもしれません。しかし、次の点で元の記録とは大きく異なります。

・各職種が計画までにたどった経緯を読み取れる
・同じ事柄（項目F）に対する各職種の意見が整理されている
・項目が統一されているため、記録者による差が生まれにくい

なお、サービス担当者会議など、記録者を含む専門職によるチームが共通の目標のもと、利用者とかかわる場面では、実践の主語はそのチームということになります。そのため、このような場面においては、他職種による「介入・実施」であっても、項目Iを用いて、I（職種名）として記録します。

5 認知症初期集中支援チームによる初回面接

記録者 認知症初期集中支援事業：社会福祉士

場面概要

　明美さん（70代、女性）は、夫との二人暮らしです。認知症による妄想があり、親戚と電話をしている夫に対し、不機嫌な素振りや暴力がみられるなど、昼夜を問わず、攻撃的な様子が見受けられます。そのため、最近では、食事や外出もままならない状況に陥ってしまいました。

　そこで、夫からの相談を受けた社会福祉士が、明美さんの病院受診時に、面接を実施しました。

Before 認知症初期集中支援事業 支援経過記録票（SOAP）

S…主観的情報　**O**…客観的情報　**A**…アセスメント　**P**…計画

 ここが問題！ 記録者の介入・実施に対する利用者や家族の反応が書かれていない

日付 / 時刻 / 摘要
2月10日/10：00/ 初回面接（夫、長男、看護師の同席）
内容

S ・夫　本人は認知症と思っていない。自分が親戚と電話しているだけで、機嫌が悪くなり攻撃的になる。

S ・長男　お父さんには「そんなことないでしょ」と言い返したことがあるが、自分から見てもお母さんの様子がおかしい。

S 　どこも悪くないのに診てもらっているの。足も元気で小学生のときに高く積んだ跳び箱を跳んで先生に「危ない」って怒られたほど！

O 　夫には背を向けて座って目を合わさない。長男の顔を覗き込んでうなずきを求めている様子。

P ㋐㋑ そうですか、運動神経がよかったんですね。

S 　運動するのは大好き。小学生のときに…と繰り返す。

A 　夫や長男の話、明美さんの仕草から、何らかの精神症状が生じている可能性あり。支援にあたっては、専門医に相談し、原因の特定が必要。

P ・㋐㋑ 診療所で相談に乗ってくれると思う。

　・㋐ 診療所受診予定の旨、診療所と居宅介護支援事業所に報告。

問題点㋐
SOAPでは、実施した内容が項目Pに記載されることも多く、計画との区別がつきにくい

問題点㋑
記録者の発言や提案に対する利用者や家族の反応が書かれていない

F-SOAIP を意識した書き方のPOINT

Before の記録では、項目Pに実施した内容と今後の計画が混在しています。F-SOAIP で記録する際は、項目Iと項目Pのどちらに相当するかを考え、記載しましょう。

After 支援経過記録票 (F-SOAIP)

F…焦点　**S**…主観的情報　**O**…客観的情報　**A**…アセスメント　**I**…介入・実施　**P**…計画

日付 / 時刻 / 摘要
2月10日/10：00/ 初回面接（夫、長男、看護師の同席）
内容

F　専門医受診の意向確認

S（夫）　本人は認知症と思っていない。自分が親戚と電話しているだけで、機嫌が悪くなり攻撃的になる。

S（長男）　お父さんには「そんなことないでしょ」と言い返したことがあるが、自分から見てもお母さんの様子がおかしい。

S　どこも悪くないのに診てもらっているの。足も元気で、小学生のときに高く積んだ跳び箱を跳んで先生に「危ない」って怒られたほど！

O　相談室にて話を伺う。夫には背を向けて座って目を合わさない。長男の顔を覗き込んでうなずきを求めている様子。

A　①小学生時代の記憶をさらに引き出すために促してみる。
　　②夫や長男の話、明美さんの仕草から、何らかの精神症状が生じている可能性あり。支援にあたっては、専門医に相談し、原因の特定が必要。

I　①そうですか、運動神経がよかったんですね。
　　②診療所で相談に乗ってくれると思う。

S　①運動するのは大好き。小学生のときに…と繰り返す。

S（夫）　②お願いしたい。

S（長男）　②父の負担が大きいので相談に乗ってもらいたい。

P　①②診療所受診予定の旨、診療所と居宅介護支援事業所に報告。

ポイント
家族やキーパーソンの言葉は、Sの後に続柄や関係を記す

ポイント
話題が途中で分岐するときは、①、②で関連性を示す

ポイント
記録者の発言や提案に対する利用者や家族の反応があると、計画を立てた経緯が読み取れる

解説 ▶

福祉分野では、複数の問題が深く絡み合っていることが珍しくありません。その支援において最も大切な着眼点を項目Fとし、時系列で整理することが深く関連し合った問題を紐解くことにつながります。

第3章　場面編　生活支援記録法の実践例

165

6 苦情への対応

[記録者] 訪問介護事業所：管理者

[場面概要]

訪問介護員（ヘルパー）が浩二さん（60代、男性）宅を訪問したところ、浩二さんは「前日にキャンセルの連絡をしました」と話します。伝達を受けていなかったヘルパーは、浩二さんの記憶違いだと考え、「いつ、どの職員に電話しましたか？　連絡した内容はメモを残したほうがよいですよ」とアドバイスをしてその場を立ち去りました。その後、浩二さんから事業所に苦情が寄せられました。

[Before] 叙述形式の苦情報告書

[ここが問題！] 異なる場面を1つの記録にまとめているため、記録が複雑になっている

［苦情の内容］
・前日にキャンセルの連絡をしたが、ヘルパーが来てしまった。連絡した内容をメモに残しておいたほうがよいと気に障ることを言われた。
［申し出人（本人）への確認事項］
・連絡したことはきちんと伝達、対応してほしい。気に障るような言い方は改めてほしい。
［対応の経過と結果］
・担当ヘルパーに確認したところ、当日のキャンセルだと思い込み、その場合にはお金がかかることを伝え、了解を得たので帰ったとのこと。
・㋐経過を事業所に電話し、サービス提供責任者に報告した。
・本人に言ったのは、日常生活で困らないようにと思ったためだが、そのような言い方をしたことで傷つけてしまったことは謝罪したい。
・㋐本人に経緯を確認し、事業所として謝罪することとした。その際、ヘルパーの交代希望についても確認することにした。
・本人「事業所内の伝達が問題なのではないか。でも謝罪してくださったので、改めてもらえればヘルパーを交代する必要はない」
・㋑ヘルパーに次回改めて謝罪するよう伝えた。また、今後苦情を受けた場合、十分にお聞きしたうえで、すぐに事業所に連絡することを徹底する。

問題点㋐
1つの記録中で2つの場面について述べられている

問題点㋑
記録者が利用者・ヘルパーに確認した結果や当面の計画が混在しており、事実と計画の判別がつきにくい

F-SOAIP を意識した書き方のPOINT

この場面は、「苦情対応」と「職員間共有」の２場面に分けて考えることができます。それぞれ項目Fを立て、苦情報告を経過記録として残すためにはどうすればよいか考えてみましょう。

After F-SOAIP を用いた苦情報告書

F…焦点 **S**…主観的情報 **O**…客観的情報 **A**…アセスメント **I**…介入・実施 **P**…計画

1/18 10：30 苦情対応	**F** 当日キャンセルに関する苦情への対応
	S ・前日にキャンセルの連絡をしたが、ヘルパーが来てしまった。
	・ヘルパーからは、連絡した内容はメモに残しておいたほうがよいと気に障ることを言われた。
	A ・本人に経緯を確認し、事業所として謝罪する必要がある。
	・ヘルパーの交代希望についても確認したい。
	I ・本人に経緯を確認し、事業所として失礼があったことを謝罪。
	・ヘルパー交代を希望するか確認。
	S 気に障るような言い方は改めてほしい。でも謝罪してくださったので、改めてもらえればヘルパーを交代する必要はない。
	I 経過を事業所に電話し、サービス提供責任者に報告。
	P ヘルパーに連絡し、次回改めて謝罪するよう伝える。
1/18 14：30 職員間 共有	**F** 苦情内容の職員間共有
	S 訪問予定の前日にキャンセルの連絡をしたが、ヘルパーが来てしまった。ヘルパーからは、自分が連絡した内容はメモに残しておいたほうがよいと気に障ることを言われた。
	S（担当ヘルパー）
	・当日キャンセルだと思い込み、その場合にはお金がかかることを伝え、了解を得たので帰った。
	・「連絡した内容はメモに残しておいたほうがよい」と言ったのは、日常生活で困らないようにと思ったため。
	A 失礼な言い方で傷つけてしまったことを謝罪する必要がある。
	I ・事業所として謝罪。
	・ヘルパーに結果を連絡し、次回改めて謝罪するよう伝えた。
	P 今後苦情を受けた場合、十分にお聞きしたうえで、すぐに事業所に連絡することを徹底する。

ポイント
「苦情対応」と「職員間の情報共有」を分けて記録する

ポイント
事実と計画を分けて記録すると、情報共有の際に誤解を生まない

ポイント
苦情の対象となった担当ヘルパーはキーパーソンと考え、項目Sに記載する

ポイント
当てはまる内容が複数ある項目は、箇条書きで示す

解説 ▶

苦情対応場面を経過記録の一部として記載すると、苦情対応の一連の流れを示すことができるため、職員間共有もスムーズに進めることができます。

第

③

章

場面編　生活支援記録法の実践例

7 看取りの意思決定支援

[記録者] 特別養護老人ホーム：生活相談員

場面概要

勇さん（90代、男性）は、妻、長女との３人暮らしです。特別養護老人ホームへの入所後、がんと診断され、入退院を繰り返してきましたが、家族の希望で積極的な治療はしてきませんでした。

ある日、長女から「がんが転移していて、いつ悪化するかわからないが退院許可が出た」との連絡があり、退院前にサービス担当者会議を実施し、看取り介護計画書を取り交わしました。次の記録は、生活相談員がサービス担当者会議を記録したものです。

Before 叙述形式の経過記録

ここが問題！ 会話の連続する記録となっており、記録者の判断などが書かれていない

問題点㋐
複数の参加者の会話が入り交じる議事録の形式になっている

問題点㋑
会話のみが連続しているため、どこにどのような情報が書かれているかがわかりにくい

日時・会場	7月22日、13：00～14：00
出席者	長女、医師、看護職員、介護職員、生活相談員（司会・記録）
検討項目	終末期の対応およびケアプラン
検討内容	㋐㋑（主治医）尿路感染や血尿による入退院を繰り返しており、徐々に食事量が低下しています。経口摂取ができなくなると、胃ろうや点滴などの対応となりますが、ご家族としてはどう考えていますか。 ㋐㋑（長女）食事の摂取が困難になってきても、医療での延命処置は考えていません。ただし、血尿については病院受診をお願いしたいです。最期は施設で自然な形で迎えたいと考えています。 ㋐㋑（介護職員）勇さんは、これまでよく頑張ってこられましたものね。 ㋐㋑（主治医）老衰の場合は施設で看取り、血尿があれば協力病院で看取るということでよろしいですか。 ㋐㋑（看護職員）積極的な治療を望まれないのであれば、施設でできる対症療法のみとなりますが、よろしいですか。 ㋐㋑（生活相談員）率直なお気持ちをおっしゃってくださいね。 ㋐㋑（長女）はい、それでお願いします。
結論	「看取り介護計画書」として取り交わした。

F-SOAIP を意識した書き方のPOINT

- ・「検討項目」欄は、サービス担当者会議の議題を表しているため、項目F（焦点）と読み替えることができます。
- ・「検討内容」欄について、SOAIPを用いて書き換えてみましょう。

After F-SOAIP を用いた経過記録

F…焦点　**S**…主観的情報　**O**…客観的情報　**A**…アセスメント　**I**…介入・実施　**P**…計画

日時・会場	7月22日、13：00～14：00
出席者	長女、医師、看護職員、介護職員、生活相談員（司会・記録）
検討項目	**F** 終末期対応のケアプランへの反映
検討内容	**I（医師）** 尿路感染や血尿による入退院を繰り返しており、徐々に食事量が低下しています。経口摂取ができなくなると、胃ろうや点滴などの対応となりますが、ご家族としてはどう考えていますか。 **S（長女）** 食事の摂取が困難になってきても、医療での延命処置は考えていません。ただし、血尿については病院受診をお願いしたいです。最期は施設で自然な形で迎えたいと考えています。 **I（介護職員）** 勇さんは、これまでよく頑張ってこられましたものね。 **I（医師）** 老衰の場合は施設で看取り、血尿があれば協力病院で看取るということでよろしいですか。 **I（看護職員）** 積極的な治療を望まれないのであれば、施設でできる対症療法のみとなりますが、よろしいですか。 **I** 率直なお気持ちをおっしゃってくださいね。 **S（長女）** はい、それでお願いします。 **A** 長女より看取り介護について了解を得られた。 **I** 「看取り介護計画書」に署名をお願いします。
結論	「看取り介護計画書」として取り交わした。

ポイント
「検討項目」欄に会議の内容がイメージできるような表現を用いて項目Fを記載する

ポイント
他職種が実施した内容は項目Oとして記載するがサービス担当者会議では項目Iとして記載する

ポイント
家族やキーパーソンの言葉は、Sの後に続柄や関係を記す

ポイント
記録者自身が実施した内容を記す場合は、職種名を付記する必要はない

第**3**章 場面編　生活支援記録法の実践例

解説 ▶

会議など、複数の専門職と利用者や家族と意見を交わす場合、提案やそれに対する応答が連続し、逐語的な記録となりやすくなります。しかし、そのような記録では、どこまでが専門職の提案で、どこからが利用者の家族の反応なのかがわかりにくくなってしまいます。会議の議事録でもF-SOAIPを用いることで、情報を判別しやすくなります。

8 看取り事例の振り返り

記録者 居宅介護支援事業所：介護支援専門員（ケアマネジャー）

場面概要

とめさん（102歳、女性）は、長男夫婦と三人で暮らしており、介護は主に長男の妻が行っています。ある日、看取り期に入ったとめさんのもとへ看護師が伺ったところ、長男の妻から処置を拒まれてしまいました。

そこで、ケアマネジャーが妻に話を伺ったものの、妻の意思は固く、3日後、とめさんは息を引き取りました。

Before 叙述形式の経過記録（事例振り返りシート）

 記録者の判断や考えが書かれていない

事例題名	利用者家族が医療介入に拒否的で在宅看取りになったケース
検討課題	利用者家族はなぜ医療介入に拒否的になってしまったのか。
プロフィール	とめさん（102歳、女性）。長男は出張が多く、月に1週間ほど在宅。長男の妻が在宅ワークをしながら一人で介護。

7月7日、看護師より、長男の妻が最近褥瘡の患部を見せてくれない。包帯箇所が増えている。診療所の往診時も同様。看取り期なので困っているとのこと。

7月10日、自宅訪問。

・「介護を頑張りすぎていないか」と問うと、「㋐長年しているので一人で問題ない。サービス追加は必要ない。本人が食べてくれず困っている。包帯交換をちゃんとやっているのに床ずれが治らない」と答えたが、長男の妻の目は泳いでおり、本心はわからない。

・「包帯交換を看護師にお願いしたらどうか」と勧めると、「自分でしてしまうほうが気が楽」㋑とのこと。

・看護師や医者と話し合うことを提案すると、「大勢が来ると本人も落ち着かなくなり、自分も疲れてしまうから話し合いはやめてほしい」㋑とのこと。

・「看護師も心配している」と言うと、「必要なことはお願いする」㋑とのこと。

7月13日、自宅で死亡。エンゼルケア実施。

問題点㋐
妻の発言が羅列しており、判別しづらい

問題点㋑
利用者等の発言は「とのこと」と表現しがちである

F-SOAIP を意識した書き方のPOINT

Before では実践の経過を淡々と書き連ねているため、内容が理解しづらいものとなっています。日付ごとに F-SOAIP を用いて整理してみましょう。

After F-SOAIP を用いた経過記録 (事例振り返りシート)

F…焦点　S…主観的情報　O…客観的情報　A…アセスメント　I…介入・実施　P…計画

7月7日　担当看護師からの報告

F　医療介入に拒否的

O(看護師)　・長男の妻は最近褥瘡の患部を見せてくれない。診療所の往診時も同様。
　　　　　・包帯箇所が増えている。
　　　　　・看取り期なので困っている。

7月10日　自宅訪問

F　医療介入に拒否的

I　介護を頑張りすぎていないか。

S(妻)　・長年しているので一人で問題ない。
　　　　・サービス追加は必要ない。
　　　　・本人が食べてくれず困っている。
　　　　・包帯交換をちゃんとやっているのに床ずれが治らない。

A　長男の妻の目は泳いでおり、本心はわからない。協力を提案してみよう。

I　包帯交換を看護師にお願いしたらどうか。

S(妻)　自分でしてしまうほうが気が楽。

I　看護師や医者も交えて、一度話し合うのはどうか。

S(妻)　大勢が来ると本人も落ち着かなくなり、自分も疲れてしまうから話し合いはやめてほしい。

I　看護師も心配している。

S(妻)　必要なことはお願いする。

7月13日　自宅訪問

F　死亡

O　3日後自宅で死亡。看護師がエンゼルケアを実施。

ポイント
家族やキーパーソンの言葉は、Sの後に続柄や関係を記す

ポイント
当てはまる内容が複数ある項目は箇条書きで示す

解説 ▶

本例のように、利用者や家族とのやりとりの経過が重視される記録においては、要約的に整理するよりも、時系列で整理するほうが経緯をわかりやすく示すことができます。一方、一度のやりとりで対応が完結する場合には、要約的に整理したほうがわかりやすくなります。場面や記録の目的に応じて使い分けることが大切です。

9 多職種による事例検討（カンファレンス）

[記録者] 介護老人保健施設：介護職、看護師、薬剤師

[場面概要]

介護老人保健施設に入所している栄子さん（90代、女性）は、抗精神病薬を内服しています。脱水が疑われる症状がみられたことから、利尿剤（フロセミド）を使用し始めたところ、夜間に不眠や口渇などの症状が現れ、生活の質も低下してきました。

次の記録は、介護職、看護師、薬剤師が事例検討のためのカンファレンスでの情報共有を図るために持ち寄ったものです。

[Before] 叙述形式の経過記録

ここが問題！ 情報にまとまりがないため、各職種の記録を統合しにくい

①介護職

問題点㋐
他職種から得た情報や他職種へのはたらきかけの内容が書かれているものの、まとまりがないため、判別が難しい

問題点㋑
3つの記録の関連性がうかがえるものの、対応する箇所の判断が難しい

夜間、寝てはすぐに「トイレ」「トイレ」と繰り返す。同時に「（お茶）飲みたい」という訴えも多い。排尿多量。睡眠がとれていない。皮膚の乾燥あり。

これらについて、「薬の影響による脱水も考えられること」を介護職のなかで確認し、㋐看護師に㋑栄子さんの訴えと観察内容を伝えた。介護職では薬について把握しにくいが、栄子さんの生活にとって大切。

㋒レクリエーションに誘うなど、ほかの利用者と一緒に過ごせるようにした。利尿剤調整後、夜間の睡眠はまずまずとれるようになり、昼間も活気が出てきた。介護職が観察をしっかりと行い、できることを考えていきたい。

当面、㋐看護師からの情報を確認しつつ、薬のことも含めてできることを探っていく。

②看護師

問題点㋒
介護職と看護師が対応した内容は示されているが、対応の根拠は明示されていない

㋐㋑介護職から「夜間に排泄、口渇の訴えが多い」「睡眠がとれず生活の乱れにつながっている」と聞く。排尿多量。睡眠がとれていない。皮膚の乾燥あり。浮腫がとれてきている。㋒フロセミドの調整について、㋐㋑薬剤師と相談し、薬剤師から医師に伝えることとした。

利尿剤の調整後、夜間の睡眠はまずまずとれるようになった。昼間の覚醒が増え、

活気が出てきた。高齢のため、水分制限をすると不調になるので、基本的に水分は制限しないほうがよいと考える。

そこで、[ア]介護職へ主に心不全、脱水による諸症状（皮膚の乾燥、浮腫など）を[ウ]観察するよう伝えた。また、[ア]医師へ現在の状態や水分摂取状況などを伝えた。

当面、状態の変化を要観察。心不全や腎不全などの徴候によって、フロセミド再調整の必要があることを[ア][イ]薬剤師に要確認。

③薬剤師

[ア][イ]看護師より「排泄、口渇の訴えが多く、硬便傾向。脱水が疑われる」と聞く。

カンファレンスで[ア]看護師、介護職へ「脱水傾向はフロセミドの影響が考えられる」と伝えた。フロセミドを10mg（元の量）へ減量することは可能か、[ア]医師に相談した。

その結果、フロセミドを10mgとし、状態が落ち着いた。夜間の睡眠もまずまずとれるようになった。昼間の覚醒が増え、活気が出てきたので、様子を見る。

当面、状態の変化を要観察。心不全や腎不全などの徴候によって、フロセミド再調整の必要があることを[ア][イ]看護師と確認する。

F-SOAIP を意識した書き方のPOINT

カンファレンスなど、各職種が書いた経過記録を持ち寄るような場合でも、F-SOAIP を用いた記録の書き方は変わりません。項目 O や項目 I で関連する職種名を明示しておけば、どの職種からどのような情報を得たか、どの職種にどのようにはたらきかけたかを一覧できるようになります。

After① F-SOAIP を用いた経過記録

[F]…焦点　[S]…主観的情報　[O]…客観的情報　[A]…アセスメント　[I]…介入・実施　[P]…計画

①介護職

[F]	脱水の疑い
[S]	・夜間、寝てはすぐに「トイレ」「トイレ」と繰り返す。 ・「(お茶) 飲みたい」という訴えも多い。
[O]	排尿多量。睡眠がとれていない。皮膚の乾燥あり。
[A]	①夜間の不眠による昼間の活動量低下が心配。 ②薬の影響もあると思うが、どの薬の影響かわからない。皮膚の乾燥から脱水も疑われる。 ③昼間の活動量を増やすため、ほかの利用者へ気持ちが向くようにしたい。
[I]	①②「薬の影響による脱水も考えられること」を介護職のなかで確認し、看護師に栄子さんの訴えと観察内容を伝えた。

ポイント
当てはまる内容が複数ある項目は箇条書きで示す

ポイント
各職種がどのような情報を得てどう判断したかを記載する

	③レクリエーションに誘うなど、ほかの利用者と一緒に過ごせるようにした。
O	（介護職）①②③利尿剤調整後、夜間の睡眠はまずまずとれるようになり、昼間も活気が出てきた。
A	①②介護職では薬について把握しにくいが、栄子さんの生活にとって大切。 ③介護職が観察をしっかりと行い、できることを考えていきたい。
P	看護師からの情報を確認しつつ、薬のことも含めてできることを探っていく。

②看護師

ポイント──
箇条書きを用いることで一文が端的にまとめられる

ポイント──
どの職種からどのような情報を得たかが一目でわかる

ポイント──
「職種名」→「伝えた内容」の順で記録すると、どの職種に対して、どのようにはたらきかけたかがわかりやすくなる

F	内服薬中止の検討の必要性
S	・夜間、寝てはすぐに「トイレ」「トイレ」と繰り返す。 ・「（お茶）飲みたい」という訴えも多い。
O	（介護職）「夜間に排泄、口渇の訴えが多い」「睡眠がとれず生活の乱れにつながっている」と聞く。
O	・排尿多量。睡眠がとれていない。皮膚の乾燥あり。浮腫がとれてきている。
A	脱水ではないか。フロセミドの中止を検討してもらいたい。医師に申し出るために、薬剤師に要相談。
I	薬剤師へフロセミドの調整について相談し、薬剤師から医師に伝えることとした。
O	（介護職）利尿剤の調整後、夜間の睡眠はまずまずとれるようになった。昼間の覚醒が増え、活気が出てきた。
A	高齢のため、水分制限をすると不調になるので、基本的に水分は制限しないほうがよいと考える。
I	・介護職へ主に心不全、脱水による諸症状（皮膚の乾燥、浮腫など）を観察するよう伝えた。 ・医師へ現在の状態や水分摂取状況などを伝えた。
P	・状態の変化を要観察。 ・心不全、腎不全などの徴候によって、フロセミド再調整の必要があることを、薬剤師に要確認。

③薬剤師

F	内服薬による脱水傾向・夜間不眠の疑い
S	・夜間、寝てはすぐに「トイレ」「トイレ」と繰り返す。 ・「（お茶）飲みたい」という訴えも多い。
O	（看護師）排泄、口渇の訴えが多く、硬便傾向。脱水が疑われる。●
A	脱水傾向は、腎不全がみられたことで増量したフロセミドの影響と考える。夜間の不眠も脱水による可能性が考えられる。医師に要確認。
I	・看護師、介護職へ「脱水傾向はフロセミドの影響が考えられる」と伝えた。 ・医師へフロセミドを10mg（元の量）へ減量することは可能か相談した。
O	フロセミドを10mgとし、状態が落ち着いた。
O	（介護職）夜間の睡眠もまずまずとれるようになった。昼間の覚醒が増え、活気が出てきた。●
A	このまま様子を見るのがよいだろう。
P	・状態の変化を要観察。 ・心不全や腎不全などの徴候によって、フロセミド再調整の必要があることを看護師と確認する。

> **ポイント**
> どの職種からどのような情報を得たかが一目でわかる

解説 ▶

F-SOAIP を用いた経過記録を持ち寄ることで、他職種から得られた情報と他職種に提供した情報を明示できることがわかります。特に、各職種が得た情報（主観的情報や客観的情報）とそれに基づく判断（アセスメント）は、多職種での情報共有を図る場面では、特に重要となります。記録を書く際には、場面を振り返り、より詳細な情報を簡潔に残すことを意識しましょう。

☝ カンファレンスにおける生活支援記録法（F-SOAIP）の活用

　カンファレンスに持ち寄る記録をF-SOAIPで残すことには、もう1つメリットがあります。それは、各職種の記録を統合できることです。

　従来のカンファレンスでは、各職種の報告内容の確認に時間を費やしてきました。しかし、記録を1つに統合することができれば、各職種の判断における共通点や差異を記録から読み取ることができるようになります。これにより、より深い意見交換が可能となります。

　次の記録は、本事例の記録を統合したものです。

After② 各職種が持ち寄った経過記録の統合

F…焦点　S…主観的情報　O…客観的情報　A…アセスメント　I…介入・実施　P…計画

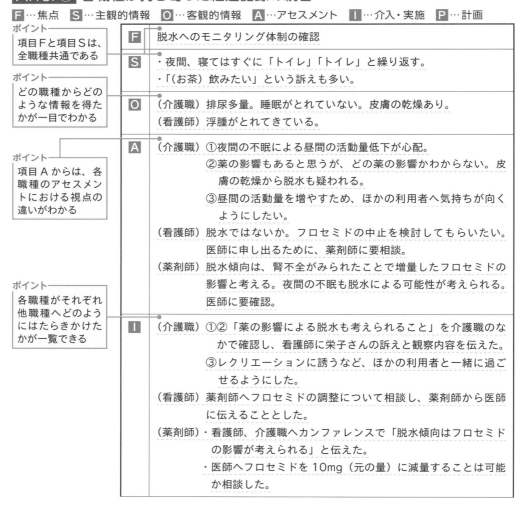

ポイント		
項目Fと項目Sは、全職種共通である	**F**	脱水へのモニタリング体制の確認
	S	・夜間、寝てはすぐに「トイレ」「トイレ」と繰り返す。 ・「（お茶）飲みたい」という訴えも多い。
ポイント どの職種からどのような情報を得たかが一目でわかる	**O**	（介護職）排尿多量。睡眠がとれていない。皮膚の乾燥あり。 （看護師）浮腫がとれてきている。
ポイント 項目Aからは、各職種のアセスメントにおける視点の違いがわかる	**A**	（介護職）①夜間の不眠による昼間の活動量低下が心配。 ②薬の影響もあると思うが、どの薬の影響かわからない。皮膚の乾燥から脱水も疑われる。 ③昼間の活動量を増やすため、ほかの利用者へ気持ちが向くようにしたい。 （看護師）脱水ではないか。フロセミドの中止を検討してもらいたい。医師に申し出るために、薬剤師に要相談。 （薬剤師）脱水傾向は、腎不全がみられたことで増量したフロセミドの影響と考える。夜間の不眠も脱水による可能性が考えられる。医師に要確認。
ポイント 各職種がそれぞれ他職種へどのようにはたらきかけたかが一覧できる	**I**	（介護職）①②「薬の影響による脱水も考えられること」を介護職のなかで確認し、看護師に栄子さんの訴えと観察内容を伝えた。 ③レクリエーションに誘うなど、ほかの利用者と一緒に過ごせるようにした。 （看護師）薬剤師へフロセミドの調整について相談し、薬剤師から医師に伝えることとした。 （薬剤師）・看護師、介護職へカンファレンスで「脱水傾向はフロセミドの影響が考えられる」と伝えた。 ・医師へフロセミドを10mg（元の量）に減量することは可能か相談した。

O	（介護職）①②③利尿剤調整後、夜間の睡眠はまずまずとれるようになり、昼間も活気が出てきた。 （薬剤師）フロセミドを 10mg とし、状態が落ち着いた。夜間の睡眠もまずまずとれるようになった。昼間の覚醒が増え、活気が出てきた。
A	（介護職）①②介護職では薬について把握しにくいが、栄子さんの生活にとって大切。 ③介護職が観察をしっかりと行い、できることを考えていきたい。 （看護師）高齢のため、水分制限をすると不調になるので、基本的に水分は制限しないほうがよいと考える。 （薬剤師）このまま様子を見るのがよいだろう。
I	（看護師）・介護職へ主に心不全、脱水による諸症状（皮膚の乾燥、浮腫など）を観察するよう伝えた。 ・医師へ現在の状態や水分摂取状況などを伝えた。
P	（介護職）看護師からの情報を確認しつつ、薬のことも含めてできることを探っていく。 （看護師・薬剤師）・状態の変化を要観察。 ・心不全、腎不全などの徴候によって、フロセミド再調整の必要があることを要確認。

ポイント
①介護職と看護師は利用者の状態に着目しているのに対し、薬剤師は投薬状況に着目していること
②全職種が利用者の様子を共有していること
が読み取れる

ポイント
各職種がどのように判断し、計画を立てたのかを一覧できる

解説 ▶

各職種が持ち寄った経過記録（After ①）を統合した After ②は、情報の重複が整理されているため、議事録として有用です。

なお、項目 F は事例検討の結果にタイトルをつけた表現となっています。

場面提供：田中真佐恵（摂南大学看護学部）

Column

住民主体の地域包括ケアシステムと生活支援記録法

中野智紀
（医師、東埼玉総合病院地域糖尿病センター長、北葛北部医師会在宅医療連携拠点菜のはな室長）

福祉・介護専門職がもつ情報に基づく医療が提供可能に

疾病管理や悪化予防のためには、福祉・介護専門職がもつ利用者や患者（以下、当事者）の生活に関する情報が重要です。生活支援記録法を用いた記録を通じてこれらの情報が共有されれば、適切な治療を行うことができます。また当事者もどのような治療が行われたかを知ることができます。

医者と生活支援記録法

記録された情報が煩雑だと、理解するまでに時間を要します。また福祉・介護専門職から見て、いつもとどう様子が違うかといった情報が読み取れないことも少なくありません。その点、生活支援記録法を用いた記録であれば、多忙な医者も知りたいことが一目でわかります。実際、私も生活支援記録法をカルテで活用しています。その理由は、次の4つです。

①地域包括ケアシステムにかかわる要素をすべてカバーできる

地域包括ケアシステムの目的は、「生きていくことを支える」ことです。医療・福祉・介護だけではなく、何気ないご近所同士の支え合いなども、その人を支える要素にほかなりません。生活支援記録法は、こうした要素についても記録に残すことができる点で優れていると感じます。

②あらゆる専門職が活用できる共通の枠組みである

③多職種による対話のプラットフォームになり得る

多職種の協働では、それぞれ専門的な知見から支援の方向性やプロセスを見出していきます。そのため、意見の食い違いが生まれることもあります。支援に至った経緯などが見えてくれば、対話も自ずと生まれてくるでしょう。生活支援記録法は、その下地になると期待しています。

④日々のかかわりで生まれた気づきを蓄積できる

支援は、「いつもと何か違う」と気づくことから始まります。生活支援記録法の項目F（焦点）とは、その気づきのことだと考えます。その蓄積は、解決が難しい問題について、利用者とともに考えるうえで大いに有用です。

地域包括ケアシステムでは、ケア提供者は当事者に伴走することが求められます。そのためには、その人が生きてきた軌跡を可視化する必要があります。生活支援記録法はこれらを実現するための有用な記録法だといえます。

第 **4** 章

展望編
生活支援記録法による
イノベーション

F s O
A l P

1 生活支援記録法による 多面的効果と好循環

1 実践・教育・研究への貢献

　生活支援記録法（以下、F-SOAIP）は、実践・教育・研究といった多方面で効果を発揮します（図表17）。また取り組むことで、生活支援の目的や位置づけを再認識できるため、専門職としてのやりがいにつながるなど、職場における好循環をつくり出します（図表18）。

図表17　生活支援記録法の多面的効果

```
                          ┌ ①利用者・患者・家族にとっての効果 ┐
               ┌ 実践上の効果 ┤ ②医療福祉専門職にとっての効果      ┘ミクロレベルの効果
               │          │ ③機関・事業所にとっての効果・・・メゾレベルの効果
               │          └ ④地域・自治体にとっての効果・・・マクロレベルの効果
多面的効果 ┤ ⑤教育上の効果
               │
               └ ⑥研究上の効果
```

図表18　生活支援記録法による実践現場の変容

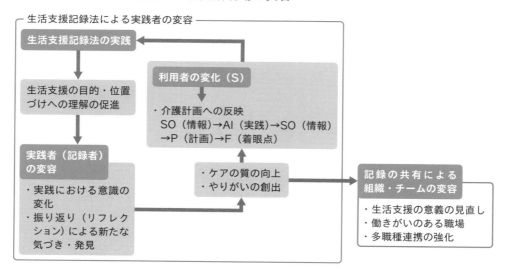

出典：嶌末憲子・小嶋章吾「介護現場に好循環をもたらす生活支援記録法（第2回）〜特別養護老人ホームにおける取り組みの実際」『高齢者安心安全ケア実践と記録』13（2）、日総研出版、2015年11月を改変

2 生活支援記録法による多面的効果

1. 実践上の効果

　F-SOAIP が、ミクロレベル（対人支援の実践）、メゾレベル（組織内での実践）、マクロレベル（地域・自治体・全国の実践）でそれぞれ効果を発揮することは第 1 章（17ページ）でも解説したとおりです。

　ここでは、ミクロレベルのなかでも対人支援専門職にとっての効果に絞り、解説します。

　F-SOAIP を実践で活用すると、以下の点で対人支援専門職としての力量を向上させることができます。

> ①支援者の判断・支援と利用者の反応の相互作用を意識したかかわりができるようになる
> ②実践過程を意識した記録を書くことができるようになる
> ③ほかの職員の記録を意識的に閲覧することで、他職種の専門性への理解が深まる

　また F-SOAIP の研修後や書き方が定着してきたタイミングでは、チェックリスト（図表 19、182 ページ）を用いて、3 つの場面（①利用者とかかわる場面（実践）、②記録を書く場面、③ほかの職員の記録を読む場面）について、15 項目をそれぞれどの程度意識できているかを振り返り、5 段階で評価してみましょう。振り返ることが次の実践における意識を変え、よりよい記録を残すことにつながります。

2. 教育上の効果

　F-SOAIP は、既に医療福祉専門職の養成教育や現任者研修でも活用されています。
　たとえば、ソーシャルワーカー養成校の教員や研究者を対象としたセミナー[1] や学会[2, 3] では、F-SOAIP を活用した演習プログラムが紹介されています。
　また介護福祉士養成校では、介護実習で利用者から得られた情報を F-SOAIP で整理し、分析するという演習が実施されているところもあります。なかには、事例検討にあたって F-SOAIP の項目で整理した情報を用いた教育実践を行っている学校もあります。著者の所属校でも、実習記録で活用しているほか、卒業研究のテーマとしての取り組みも始まりました。
　このように F-SOAIP が教育や研修で活用されることによって、学生や研修受講者が記録をもとに自らの実践を振り返ったり、専門性を考察したりすることができます。

3. 研究上の効果

　研究は、データを収集し、その分析結果をもとに何らかの結論を得ることを目的と

しています。これまでは、必要なデータを集める方法といえば、アンケートやインタビューが主流でした。しかし、F-SOAIP の項目を用いた経過記録であれば、既に情報が整理されているため、そのまま研究に活用することができます。

　実際、介護ロボット導入や修復的対話（損なわれた関係を修復するための対話）、アセスメントの可視化などの効果を裏づけるデータとして、さまざまな研究で既に活用が始まっています。

図表 19　生活支援記録法チェックリスト

各項目をどの程度意識できているか以下の 5 段階で振り返ってみましょう。　　　15 項目×3 場面：計 45 項目

5 よくある　4 ときどきある　3 どちらでもない　2 あまりない　1 ほとんどない

意識すべき項目	①実践	②書く	③読む
1. 状況に応じたコミュニケーション			
2. ケアプランや援助目標			
3. 利用者の生活歴や人生			
4. 利用者のまわりで起こっていることや生活環境			
5. 利用者の人間関係			
6. 利用者の何に注目しているか			
7. 利用者自身や生活上の変化			
8. 利用者の言動から読み取れるニーズ			
9. 利用者の強み			
10. 支援の根拠			
11. 利用者の変化の予測			
12. ケアと利用者との相互作用（影響し合うこと）			
13. 次回のケアの工夫やプラン変更			
14. 対応がうまくいった経験			
15. 対応が難しかった経験			

※1　平成 29 年度ソーシャルワーク教育全国研修大会における分科会（「生活支援記録法」を活用した「書く力（現象を再構成する力）」を養うソーシャルワーク教育）、武蔵野大学、2017 年

※2　第 15 回日本社会福祉教育学会大会におけるワークショップ（多機関・多職種連携を促進する生活支援記録法（F-SOAIP）の活用と教授法〜ソーシャルワーク実践の可視化がもたらすミクロ・メゾ・マクロへの効果を期待して〜）、青森県立保健大学、2019 年

※3　第 27 回日本介護福祉学会大会における生活支援記録法（F-SOAIP）ミニ講座、静岡県立大学短期大学部、2019 年

2 生活支援記録法 活用の展望

1 多職種・多機関協働における情報共有

1. 記録形式の標準化が大きな課題

　多職種や多機関が協働する場面においては、情報共有が不可欠です。しかし、叙述形式の記録を用いる職種もあれば、SOAPなどの項目形式の記録を用いる職種もあり、データが標準化されていないことが円滑な情報共有の妨げとなっています。過去には総務省も「データ項目、形式等がバラバラ」と指摘しており、いかにデータ標準を定めるかが、政策上も重要な課題となっています（図表20）。

図表20　**記録形式の標準化**

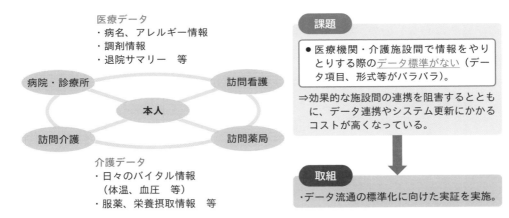

出典：未来投資会議　構造改革徹底推進会合「健康・医療・介護」会合　第3回（2017年12月14日）総務省提出資料「総務省における医療・介護連携、介護予防等に関する取組」を一部修正

2. 記録に関する提言

　また医療分野における記録のデータ標準化について、さまざまな提言が行われています。

①チーム医療推進会議（厚生労働省）

　「チーム医療推進のための基本的な考え方と実践的事例集」（2011）において、「医療スタッフ間における情報の共有のための手段としては、定型化した書式による情報

の共有化や電子カルテを活用した情報の一元管理などが有効」と指摘しています。

②日本診療情報管理学会

　「診療情報の記録指針」（2017）において、「有効なチーム医療を実践するために、診療・看護をはじめとする各部門の記録が相互に参照可能である必要がある」と指摘し、SOAPなどの記録法を推奨する一方で、「運用上の問題があれば常に改善することに努めることが望ましい」と提案しています。ここから必ずしもSOAPに固執する必要はなく、より望ましい記録法の開発が期待されていることが読みとれます。

③日本看護協会

　「看護記録に関する指針」（2018）において、看護記録は「看護実践の一連の過程が、漏れなく、かつ、効率的に記載されるよう、様式を整える。なお、経過記録にはいくつかの方法がある」とし、SOAPなど特定の記録法を推奨することなく、「それぞれの方法に特徴があることから、各施設で行った看護実践が的確に記載されるような方法を選択する」としています。

　以上のような提案や指摘は、医療分野における記録法として、SOAPなど項目形式の記録法はあるものの、専門職の実践過程の可視化や情報共有ツールとしてとらえたときに、検討や選択の余地があることを示しています。

2 記録の ICT 化

1. 進む記録の ICT 化

ICT（情報通信技術）の普及を背景に、手書記録から電子記録への移行が急速に進んでいます。特に医療分野では電子カルテの普及に伴い、電子記録が主流になっています。

一方、福祉分野では、いまだ手書記録を使用する機会も少なくありません。しかし、記録の ICT 化は、記録業務の効率化や記録内容の効果的活用にも直結するため、今後進んでいくことが考えられます。

2. データ標準化が難しい経過記録

記録のなかでも、利用者や患者（以下、当事者）、家族の基本情報を記載するフェイスシート、収集した情報の分析ツールとしてのアセスメントシート、実施計画を記載するプランニングシート、実施状況を把握するモニタリングシート、実施結果を評価するエバリュエーションシートなどは、記録様式が定型化されているため、比較的、ICT 化が進みやすいと考えられます。

しかし、経過記録のためのプロセスシートは、自由記述が前提となっている場合が多く、時間や労力を要する記録であるにもかかわらず、データ標準化しにくいというのが現状です。福祉分野の経過記録については、前述のような「運用上の問題があれば常に改善することに努めることが望ましい」という日本診療情報管理学会の提案も、「実践が的確に記載されるような方法を選択する」という日本看護協会の指摘もほとんど受け入れられていないといっても過言ではありません。

こうした背景には、福祉分野の経過記録には叙述形式以外、ほかに選択肢がなかったという事情があります。また医療専門職と協働する機会が拡大するなか、医療分野で普及している SOAP など項目形式の記録法の影響を受けてきたことで、記録の書き方が多様化してきたという事情もあります。

こうした状況のなか、医療分野や福祉分野をはじめとする各専門職が共用できる経過記録の記録法が求められているといえるでしょう。F-SOAIP は、まさにこの長年の課題を解決する記録法なのです。多分野・多領域、あるいは多機関・多職種で共用できる記録法として、今後普及・活用が進むことが期待されます。

3. 生活支援記録法を搭載したシステム

　F-SOAIP を用いた経過記録がもつデータとしての活用の可能性に注目している企業の一つに株式会社 TKC があります。同社では、職員の負担軽減や情報共有の質の向上につながる「TASK クラウド福祉相談支援システム」を 2018 年度より市町村自治体向けに提供してきました。このシステムに F-SOAIP を搭載したモデルを筆者らと共同開発し、2020 年度に稼働予定となっています（図表 21）。

　本事例は、F-SOAIP が相談支援記録のシステムに搭載される初めての事例です。データ化された経過記録が業務分析や自治体の総合相談機能の向上につながることが期待されるとともに、多くの企業の記録システムに搭載されることが期待されます。

図表 21　「TASK クラウド福祉相談支援システム」の概要

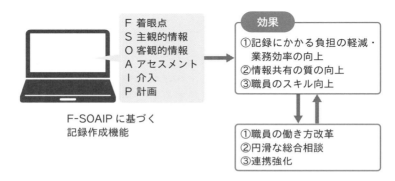

4. AI システムへの生活支援記録法の搭載

　介護分野では、アセスメント結果をもとに自動的にケアプランを作成するケアマネジメントの AI システムが既に実用化されつつあります。F-SOAIP はこのような AI システムへの搭載に親和性のある記録法でもあります。それは、対人支援専門職と当事者や家族とのやりとりを含め、実践過程に沿って記録を残すことができるからです。当事者や家族の訴え（項目 S）や状態（項目 O）に対して、それらの情報をもとにどのようにアセスメント（項目 A）し、それを根拠にどのように対応（項目 I）したか、その結果、どのような反応（項目 S や項目 O）が得られたか、当面の対応予定（項目 P）はどうするか、といったデータが蓄積されていけば、AI がパターンを分析し、場面に応じた適切な対応を専門職へ提案（レコメンド）することができるようになります。

　このような AI システムを構築することができれば、業務の革新的な効率化や画期的なケアの質向上をもたらすことでしょう。

　認知症ケアの領域では、既に 2017 年度の総務省 IoT サービス創出支援事業などによって実証実験がなされており、実用化まであと一歩のところまで来ています。その成果は内閣府に設置された未来投資会議などにも報告され（図表 22）、厚生労働省によって国際発信もされているところです。

図表 22　AI システムにおける F-SOAIP の活用

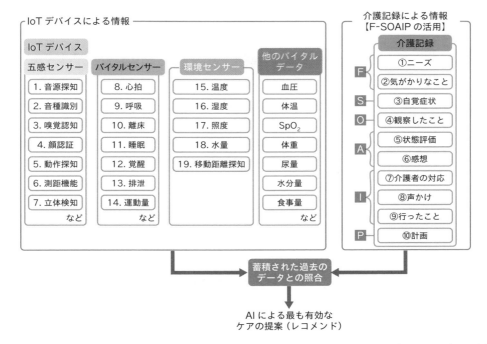

出典：未来投資会議 構造改革徹底推進会合「健康・医療・介護」会合 第4回（2018年3月9日）厚生労働省、総務省、文部科学省、経済産業省提出資料「データ利活用基盤の構築等」を改変

Q＆A〜生活支援記録法の導入に向けて〜

Q1 F-SOAIP を使う場合、記録を叙述形式で書いたうえで書き換えるのですか。

A1 最初から F-SOAIP で書くのが望ましいです。

　日常業務で記録を書き直すことはまずありません。各項目がもつ意味を頭に入れ、練習をすれば最初から F-SOAIP で書くことも容易になっていくでしょう。

Q2 F-SOAIP を使うとき、項目は F、S、O、A、I、P の順番どおりにしなければいけないのですか。

A2 時系列順に整理する方法と、F-SOAIP の順番で整理する方法があります。

　項目 F を 1 行目に記述することはいずれの場合も共通していますが、F-SOAIP には、時系列順に整理する方法と、SOAIP の順番で要約的に整理する方法の 2 つがあります。

時系列順に整理する

　時間の経過に合わせて、SOAIP の 5 項目を順番を入れ替えたり、繰り返し用いたりすることができます（第 3 章：125 ページ参照）。利用者や患者、家族とのやりとりを忠実に記録できるため、①言葉を正確に記録しておく必要がある場合、②やりとりそのものに重要な意味がある場合、③やりとりによって重要な変化が見られる場合などに有効です。

SOAIP の順番で整理する

　場面を要約的に記録する場合、典型的なパターンでは SOAIP の 5 項目を順番に 1 回ずつ用います。1 つの項目に相当する内容が複数ある場合には、箇条書きを用いることもできます（第 3 章：77 ページ参照）。時系列順に整理する場合と異なり、正確なやりとりの経過を記録することはできませんが、項目の書き漏らしが少なく、また長文を書く必要もありません。やりとりの内容を端的に記録すればよい場合に用いるとよいでしょう。

Q3 項目Ｆが２つある場合、どのように書くのがよいでしょうか。

A3 簡潔に一言としてまとめましょう。

　項目Ｆ（焦点）は、その記録場面を表すタイトルでもあります。１行に収まるような項目Ｆを考えてみましょう。項目Ｆが２つ考えられる場合、「●●と▲▲」のように、簡潔にまとめる方法を考えます。また「①●●　②▲▲」のように番号を振って、記録の内容を連動させる方法もあります（第３章：81ページ参照）

　本書の第３章（101ページ）では、項目Ｆが２つある場合の書き方も紹介しています。

Q4 項目Ｓ（主観的情報）と項目Ｏ（客観的情報）のどちらともとれる場合があります。このようなときも必ずどちらかとして記載しなければいけないのですか。

A4 主たる内容がどの項目に相当するかを考えて１つの項目として記載しましょう。

　ときには、複数の項目を組み合わせたほうが記載しやすいと思える場合もあるでしょう。このような場合、手書記録であれば、S/O など、複数の項目を組み合わせて記載することも可能ですが、できるだけ避けるのが望ましいです。たとえば、３つ以上の項目を組み合わせると、限りなく叙述形式の記録に近い形になってしまいます。また電子記録でも項目ごとに入力欄がある場合、複数の項目を組み合わせて記載することは基本的にできません。

　複数の項目に相当すると思われる場合には、主たる内容がどの項目に相当するかを考えましょう。たとえば、「『ありがとうございます』とうれしそうな様子」と記録する場合、「ありがとうございます」は項目Ｓ（主観的情報）、「うれしそうな様子」は項目Ｏ（客観的情報）に相当します。しかし、「うれしそうな様子」は「ありがとうございます」という発言に付随する情報といえるため、項目Ｓ（主観的情報）として記載します。

Q5 日常業務のなかで F-SOAIP のトレーニングをする方法はありますか。

A5 メモのとり方で練習するのがよいでしょう。

　電話や面接時など、メモをとる際に活用する方法があります。このとき、次のような様式を用いると、実際の経過記録の様式に近いため、より実践的な練習を積む

ことができます。

　もちろん、この方法は、対人支援の面接場面におけるメモとしても活用できます。この様式を使ってとったメモをもとに経過記録として清書することで、実践過程や思考過程を整理しやすくなるでしょう。

　なお、記入する内容が多くなりがちな項目 S（主観的情報）、項目 O（客観的情報）、項目 I（介入）の枠を大きめにとっておくと活用しやすくなります。

F-SOAIP のメモ活用

F	
S	□ △ ※
O	
A	
I	□ △ ※
P	

実際のフォーマットと近いほうがよい。
各項目を連動させる際、メモの□△※などの記号に①②③と番号を付してもよい。

Q6 職場や地域で、伝達研修や勉強会を行う際のポイントを教えてください。

A6 「周知→課題の明確化→実践」の流れで進めましょう。

　まずは勉強会や検討会の開催に同意してくれた同僚や上司、記録担当者、研修担当者などとも相談のうえ、本書や研修資料を回覧し、F-SOAIP の周知を進めましょう。

　F-SOAIP への認知を得ることができたら、経過記録について困っていることなどについてアンケートを行い、今抱えている記録に関する課題の洗い出しを行います。そのうえで、伝達研修や勉強会を行い、F-SOAIP の書き方とともに、導入によって課題をどのように解決できるのか、どのような効果があるのかを解説することで、より理解を得ることができるでしょう。

Q7 研修を受講しなくても、導入することはできますか。

A7 研修の受講がなくても導入できます。

　F-SOAIP は、経過記録の書き方です。そのため、本書をベースに練習を積むだけでも、十分に導入することは可能です。実際、研修を受講せずに F-SOAIP の導

入に成功した事例も多くあります。

　本書をベースに導入に取り組む場合、次のような手順を踏むと、理解を深め、よりスムーズに導入を進められるでしょう。

---

❶ F-SOAIP の定義や項目の意味を理解、共有しましょう。
❷「生活支援記録法ワークシート【初回・導入・OJT 版】」を活用しましょう。
❸ 既に導入している他法人・他事業所より実践報告を聞く機会を設けましょう。それを参考に、法人や事業所などで導入するプロセスや長期的な方針を検討します。

Q8 　導入後、職員のモチベーションを継続するためにはどうすればよいですか。

A8 　随時「生活支援記録法ワークシート」に取り組みましょう。

　最も有効な方法は、1 か月に 1 回など、定期的に「生活支援記録法ワークシート」に取り組む時間を設けることです。

　生活支援記録法ワークシートの使い方は、第 2 章（66 〜 67 ページ）で解説したとおりです。導入から間もないうちは、F-SOAIP の書き方に戸惑う職員も少なくないでしょう。職員同士で検討し、F-SOAIP を用いた書き方を練習することで、徐々に理解を深めることができると思います。

　またワークシートの④できたこと、⑦気づき・学び・変化、⑧今後の活用などを共有することも大切です。

Q9 　OJT やスーパービジョンで活用する場合のポイントを教えてください。

A9 　OJT においても「生活支援記録法ワークシート」が有効です。

　F-SOAIP を用いた経過記録そのものが、OJT やスーパービジョンで検討する素材になり得ます。特に新人にとっては、経過記録を通じてベテラン職員の実践過程を学ぶことができるため、有用な素材となります。

　また、OJT やスーパービジョンにおいても、「生活支援記録法ワークシート」を用いることが有効です。OJT やスーパービジョンで用いる場合には、より場面に適した F-SOAIP の書き方を学ぶこともできます。また項目 A（アセスメント）を根拠とした項目 I（介入・実施）は適切であったか、項目 F（焦点）のとらえ方は妥当かなど、実践そのものを検討することに重点をおくこともできるため、経過記録をもとに実践を振り返ることが実践の質の向上に役立つと実感できるはずです。

Q10 F-SOAIP は地域ケア会議での事例検討や医療介護連携の研修でも活用できますか。

A10 いずれの場でも活用できます。

　事例検討会で取り上げる事例には、事例の開始時から現在までの一定期間に及ぶものと、特定の時点のみに限定しているものがあります。

　どちらであっても、ふだんから F-SOAIP で経過記録を書くことで、要点を整理して記録できるため、改めてまとめ直すことなく、そのまま提示することができます。

　研修や地域ケア会議で用いた場合、「場面から事例をイメージしやすい」「その人らしさがわかるため、多職種で合意形成しやすい」「多職種の考えがわかりやすい」といった声が寄せられています。

Q11 事業所で既に電子記録システムを導入している場合、工夫すべきことは何ですか。

A11 F-SOAIP の入力方法を工夫しましょう。

　記録システムにテンプレート（文章を作成するうえでの雛形となるデータ）の設定がある場合には、それを用意することで、各項目を入力する手間を削減することができます（図表 23）。このとき、注意が必要なことは、Q2（188 ページ）で示したように、時系列順に記録する場合には、①項目 F は 1 行目に入力する、② SOAIP の 5 項目は並び替えたり、1 つの項目を 2 回以上使ったりしてもよいということです。

図表 23　生活支援記録法のテンプレート例

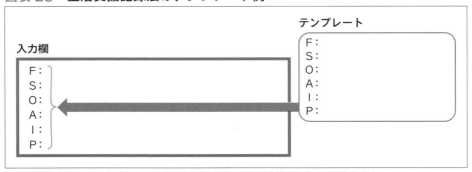

※電子記録で F-SOAIP を活用する場合、入力欄で項目ごとに改行できる必要があります。

 **Column**

多分野・多領域の対人支援にかかわる みなさんの協働を目指して

　災害対応など、全国・地域規模の課題解決には、多職種・多機関の協働が不可欠です。F-SOAIPで記録が標準化されれば、情報連携や合意形成が進み、課題解決における各職種・各機関の役割の共有や計画策定にも役立ちます。

　ここでは、研修受講者の声を参考に、「F-SOAIPのマクロレベルでの活用」という目標の実現に向けた対応を、立場ごとに項目F（焦点）と項目P（計画）でまとめました。

1. 利用者・患者・家族の場合

Ｆ **虐待やアドバンス・ケア・プランニング（人生会議）への不安**

Ｐ **生活や人生の証である経過記録の重要性を発信**

　経過記録は当事者・家族の生活や人生の証です。バイタル等の情報ばかりが記載された記録では、支援の質が心配です。当事者や家族の声に耳を傾け、それを項目S（主観的情報）として蓄積してほしいと専門職に発信します。

2. 実践者の場合

Ｆ **記録方法変更の決断と導入の取り組み**

Ｐ **職場での研修企画**

　現行の記録方法を使い続けることに伴う負担や苦悩をそのままにしたくありません。本書や研修での学びをもとに、職場で伝達研修を開き、経過記録の課題を共有し、賛同者を募っていきます。

3. 事業者の場合

Ｆ **記録方法変更のリーダーシップが必要**

Ｐ **職場での検討議題**

　現行の記録方法の変更には、きっかけや強いリーダーシップが大切です。F-SOAIPを試行し、効果を確信できた場合には、F-SOAIPを事業所や法人全体の方針とし、段階的に導入していきます。

4. 職能団体や事業者団体の場合

Ｆ **経過記録の課題解決と専門職としての評価**

Ｐ **F-SOAIPの研修企画とサポート**

　F-SOAIPによる実践過程の可視化は、専門職としての評価の向上につながります。各種団体のメンバーとして、所属団体の実態をふまえたF-SOAIP研修の企画、導入前後の支援を進めていきます。

5. 実践報告者・研修講師の場合

F **導入経験の普及が鍵**

P **F-SOAIP の伝道師として活動**

　F-SOAIP による実践過程の可視化は、専門性の実感や専門職としてのやりがいにつながります。「生活支援記録法ワークシート【初回・導入・OJT 版】」を活用するとともに、団体などとも連携しながら、実践報告や研修講師の役割を担います。

6. 政策立案者の場合

F **データ標準化が急務**

P **経過記録の政策課題化**

　実践者、事業者ともに日常業務で不可欠な経過記録に困難を抱える一方、多職種・多機関連携に適した情報共有のためのデータ標準化が求められています。それぞれの分野・領域における経過記録のあり方を見直し、経過記録の標準化を目指し、課題解決に役立てます。

7. 教育者の場合

F **実践過程を重視してこなかった記録教育**

P **実践を見据えた教育での活用**

　専門職として巣立っていく学生たちが、実践の初日から自信をもって経過記録に取り組めるよう、記録の文体や様式にとどまらず、どんな分野・領域でも通用する F-SOAIP を含めた記録の形式を教授していきます。

8. 研究者の場合

F **インタビューやアンケートでは分析しにくい研究課題**

P **生活支援記録法をデータ収集法に**

　F-SOAIP は、実践過程が構造的に分類されており、研究データとして有用なため、新たなデータ収集の方法として採用することで、研究にイノベーションを起こします。

9. システムベンダーの場合

F **現行システムの限界とユーザーへの貢献**

P **F-SOAIP の搭載とデータ分析によるユーザー支援**

　現行の経過記録システムはユーザーが苦労して入力しても、データを活用することはできません。搭載には費用を要しますが、データとして活用しやすい F-SOAIP は、ユーザーや地域の課題解決に貢献すると考えます。安心して活用できるクラウドのプラットホームの開発を進めます。

おわりに

　生活支援記録法（以下、F-SOAIP）が記録の書き方を変えるだけにとどまらず、さまざまな効果をもたらす可能性があることを実感していただけましたでしょうか。

多職種で共用できる記録法

　福祉分野（介護、保育、ケアマネジメント、ソーシャルワークなどを含む）では、経過記録といえば、叙述形式しか選択肢がありませんでした。医療専門職と福祉専門職とがチームで働く場や機会が増えるなかで、医療分野（看護、リハビリテーション、治療などを含む）で用いられている SOAP を受け入れてきた事業所もあることでしょう。しかし、それは、福祉分野にふさわしい項目形式の記録方法がほかになかったことによるものです。

　F-SOAIP は、福祉専門職にとっての経過記録に必要な内容を漏れなく記録することができ、同時に医療専門職と共用できる経過記録の記録方法として開発されました。

　故・日野原重明氏は、SOAP を提案した L. L. Weed が 50 年前の 1969 年に述べた言葉を紹介しています。[1] それを要約すると、従来の診療記録は雑然と書かれていたが、これを科学的に簡潔明瞭に整理して書くことができれば、ICT の応用もでき、医師だけでなく、看護師や他職種も共用でき、患者中心の医療を展開できる、といった主旨です。同様のことが F-SOAIP でもいえそうです。つまり「従来の福祉・介護の経過記録は雑然と書かれていたが、これを構造的に簡潔明瞭に整理して書くことができれば、ICT や AI の応用もでき、福祉専門職のみならず、医療専門職とも共用でき、利用者・患者中心の医療福祉が実践できる」と。

経過記録のイノベーションをともに起こしませんか?

　新しい記録方法の導入には、戸惑いもあると思います。その最大の原因は、対人支援専門職が記録方法を学ぶ機会がなかったことです。

　長年使い続けてきた叙述形式の経過記録を、項目形式の F-SOAIP に変更することは、決断と努力が必要でしょう。医療専門職に適した記録方法として開発された SOAP でさえ、50 年経った現在でもなお、研修の努力を必要としています。F-SOAIP 導入の決断のためには、かつて計 6 回、宇宙飛行のミッションを担ったアメリカの宇宙飛行士ジョン・ヤングの「変えるにはリスクが伴う。変えなければもっと大きなリスクが伴う」という言葉を想起したいと思います。

1）日野原重明「監修の言葉」、渡辺 直『電子カルテ時代の POS』医学書院、2012 年

謝辞

　本書の刊行に至るまで、多くの方々のお力添えがありました。まずは生活支援記録法（F-SOAIP）研修や講師養成講座に参加されたみなさまには、提出していただいたリフレクション結果や「生活支援記録法ワークシート【初回・導入・OJT 版】」を教材として活用させていただくことにご理解をいただきました。また、生活支援記録法研修を企画・開催していただいた諸団体のみなさまのご理解・ご協力があってこそ、生活支援記録法の普及につながってまいりました。

　筆者らの恩師として、嶌末は、日本社会事業大学大学院修士課程や日本地域福祉研究所の地域福祉実践セミナーを通じて大橋謙策先生にご指導を賜り、個別課題から地域課題につなげることの重要性を学びました。また現在、国際医療福祉大学大学院博士課程で直接指導を仰いでいる白澤政和先生には F-SOAIP の意義を深く理解いただき的確なご指導をいただいています。また小嶋は、東京都立大学大学院にて副田あけみ先生にご指導いただきました。その後、『ソーシャルワーク記録』（誠信書房、2006 年初版、2018 年改訂版）の共編者のお誘いをいただき、そのなかで経過記録の構造化のあり方を提示したことが、生活支援記録法の開発に至りました。また M-GTA（修正版グラウンデッド・セオリー・アプローチ）の創始者である木下康仁先生をはじめとする M-GTA 研究会のみなさまには、私どもの生活場面面接研究を M-GTA による応用研究と位置づけていただきました。その成果としての研修を通じて生活場面面接の記録化が求められ、生活支援記録法の開発につながりました。

　国際医療福祉大学大学院の高橋 泰先生（内閣府 未来投資会議構造改革徹底推進会合「健康・医療・介護」会合 副会長）には、生活支援記録法が ICT や AI に整合性があること、また医療・介護連携のための情報共有のプラットフォームとしての可能性に注目していただいています。

　田中 滋先生（日本地域包括ケア学会理事長、公立学校法人埼玉県立大学理事長、慶応義塾大学名誉教授）には、生活支援記録法の政策化の必要性についてご理解いただき、本書の推薦文を快くお寄せいただきました。

　以上のようなみなさまのご指導なしには本書の刊行が実現することはありませんでした。心より感謝申し上げます。

　また日総研出版、メディカ出版、gene、福祉新聞、環境新聞社の各社ご担当者様には、いち早く F-SOAIP の革新性に注目いただき、専門雑誌の特別企画、連載論文、取材記事などで取り上げていただきました。

　生活支援記録法は、社団法人認知症高齢者研究所（羽多野政治代表理事）との共同研究を通じて認知症対応型健康管理システム「KCIS」に搭載いただきました。また、総務省平成 29 年度 IoT サービス創出支援事業および総務省平成 30 年度地域 IoT 実装推進事業において介護記録等の入力に、医療・福祉のプラットフォームの構築に貢

献できる生活支援記録法を採用いただくなど、代表団体の特定非営利活動法人 ASP・SaaS・IoT クラウドコンソーシアム（ASPIC）（河合輝欣会長、阿部 卓主幹研究員）に深いご理解とご協力をいただきました。

また株式会社 TKC には、共同開発により市区町村自治体向けの「TASK クラウド福祉相談支援システム」に搭載いただきました。さらに株式会社アルムには、訪問介護や看護、リハビリテーション職等の事業所を対象とした多職種連携クラウドシステム Team に、F-SOAIP を採用いただきました。記録の ICT 化のもとで F-SOAIP の普及・定着にはベンダーの各社様や ASPIC のような IoT・AI クラウドサービスの支援団体のお力添えが不可欠です。感謝とともに期待申し上げます。

さらに、F-SOAIP を教育や研究に活用いただいている秋山さゆり氏（医療生協さいたま生活協働組合ケアセンターすこやか、事例研究）、伊藤明代氏（大阪健康福祉短期大学、介護福祉教育）、梅崎 薫氏（埼玉県立大学、修復的対話研究）と大学院生の川添 学氏、木林身江子氏（静岡県立大学短期大学部社会福祉学科、ポジショニング研究）、小島好子氏（自治医科大学付属病院、医療ソーシャルワーク研究）、酒本隆敬氏（特別養護老人ホーム杏樹苑爽風館、介護ロボット導入効果研究）、田中真佐江氏（摂南大学、看護教育）、二木恵子氏（元 国際医療福祉大学、介護福祉教育）、丸目満弓氏（大阪城南女子短期大学、子育て支援研究）、横山裕子氏（日本赤十字社総合福祉センター、東京都介護支援専門員研究協議会、IPW 研究）には、感謝とともに今後もさらなるご活用を期待申し上げます。

最後になりましたが、中央法規出版の中村太一氏には、生活支援記録法研修にも参加いただき、本書の刊行にご尽力をいただきました。同じく渡邉拓也氏には、編集者として辛抱強く、また丁寧な編集をご担当いただきました。中央法規出版には多領域・多職種を対象とした生活支援記録法に関する初めての書籍を世に送り届けて下さいましたことを心より感謝申し上げます。

＊

私事ながら、本書の企画から刊行に至る途上で、嶌末は最愛の母（清子）を亡くしました。生活支援記録法が第 4 章に紹介したような記録システムにもっと早く、広く搭載され、専門職と家族とで重要な情報を共有できていたら、母の急逝を避けられたのではないかという後悔の念が原動力となって、F-SOAIP 普及のためのソーシャルアクションに取り組んでまいりました。本書を母に捧げたいと思います。（嶌末）

2020 年 2 月吉日

嶌末憲子

小嶋章吾

参考文献一覧

・小嶋章吾・嶌末憲子『M-GTA による生活場面面接研究の応用〜実践・教育・研究をつなぐ理論〜』ハーベスト社、2015 年

・副田あけみ・小嶋章吾編著『ソーシャルワーク記録―理論と技法』(改訂版)、誠信書房、2006 年、2018 年 (改訂版)

・黒江ゆりこ他訳『看護記録をマスターする―実践の質的向上をめざして』医学書院、1998 年

・川上千英子『利用者記録としての介護記録 実践・フォーカスチャーティング 介護編』JFC ヘルスケアマネジメント研究所、2010 年

・福井県社会福祉協議会『はじめよう! コミュニティワークの行動記録―コミュニティワーク分析に役立つ “ワーカー行動記録” の活用法―』2012 年

・日本社会福祉士養成校協会監修『社会福祉士 相談援助演習』中央法規出版、2009 年

・ソーシャルワーク演習教材開発研究会編『ソーシャルワーク演習ワークブック (第 2 版)』みらい、2013 年

・今井和子編著『保育を変える記録の書き方 評価のしかた』ひとなる書房、2009 年

・全国老人保健施設協会『全老健版ケアマネジメント方式 R4 システム』2014 年

・大阪府社会福祉協議会『社協コミュニティワークの実践力を高めるための「記録」と「事例検討」(業務研究会〜社協コミュニティワークの実践力を高める〜報告書)』、2013 年

・長江弘子・栁澤尚代『保健師必携 こう書けばわかる! 保健師記録』医学書院、2004 年

・木村 健「薬歴スキルとその応用」『薬學雑誌』、127 (2)、2007 年

・東京都民生委員・児童委員連合会『東京都民生委員・児童委員活動実績とその事例』第 20 集、2003 年

・奈良県『市町村要保護児童対策地域協議会実務マニュアル』2013 年

・北海道地域福祉生活支援センター
http://www.dosyakyo.or.jp/chiiki_seikatsushien/example.html

出典一覧

1章
図表 7 (15 ページ)
蔦末憲子・小嶋章吾「ICF と生活場面面接の理論を基盤とした生活支援記録法でアセスメント力を高め自立支援を促す」『医療と介護 Next』5(3)、2019 年、29 頁、図 4

図表 11 (19 ページ)
蔦末憲子・小嶋章吾「ICF と生活場面面接の理論を基盤とした生活支援記録法でアセスメント力を高め自立支援を促す」『医療と介護 Next』5(3)、2019 年、29 頁、図 2

図表 12 (19 ページ)
蔦末憲子・小嶋章吾「経過記録・実施記録のイノベーション 生活支援記録法（F-SOAIP）－ケアの見える化・情報共有・OJT のために－」『介護人財』15(6)、2019 年、51 頁、図 2

3章
1 介護・保育・生活支援
3　利用者とのコミュニケーション (78 ページ)
宮崎則男「介護現場に好循環をもたらす生活支援記録法（第 2 回）～特別養護老人ホームにおける取り組みの実際」『高齢者安心安全ケア 実践と記録』13(2)、2015 年、73・74 頁、表 1・2

5　生活リハビリテーションの実施 (82 ページ)
酒本隆敬「介護ロボットの導入実習を通じた生活支援記録法の活用～多機関の多職種協働実践における自立支援の根拠を求めて（連載 生活支援記録法の導入 & 実践効果 第 3 回（最終回））」『介護人財』16(3)、2019 年、77 頁、資料 2

6　ヒヤリハット報告書 (84 ページ)
宮崎則男『介護人財』15(6)、2018 年、53 頁、資料 1・2

2 ケースマネジメント
7　体調不良への対応 (108 ページ)
横山裕子「介護支援専門員の立場から 医療職との関係性を構築し連携を促進（生活支援記録法の活用事例⑤）」『医療と介護 Next』5(6)、2019 年、33 頁、図 2

10　モニタリング (114 ページ)
横塚満里「面接がすっきりと整理できます」『月刊ケアマネジメント』28(12)、2017 年、11 頁、表

4 保健医療
1　利用者・家族の意欲向上 (130 ページ)
高橋暢介『医療と介護 Next』5(3)、2019 年、32 頁

2　口腔ケア (132 ページ)
齋藤美樹「生活支援記録法の効果と OJT の可能性」『真・介護キャリア』13(2)、2016 年、7 頁、表 2・3

5　疾病管理・療養指導 (138 ページ)
中野智紀「医師の立場から 生活モデル的なケアを実現する多職種対話のプラットフォーム（生活支援記録法の活用事例④）」『医療と介護 Next』5(6)、2019 年、29 頁、図 1

6 会議・プロジェクト評価・研修
2　栄養マネジメント (156 ページ)
酒本隆敬「介護ロボットの導入実習を通じた生活支援記録法の活用～多機関の多職種協働実践における自立支援の根拠を求めて（生活支援記録法の導入 & 実践効果 第 3 回（最終回））」『介護人財』16(3)、2019 年、76 頁、資料 1

6　苦情への対応 (166 ページ)
島田朋子「複合施設における生活支援記録法（F-SOAIP）の効果と OJT での活用～職員のリフレクションに基づく施設長の研修および法人としての取り組み（連載 生活支援記録法の導入 & 実践効果（第 2 回））」『介護人財』16(6)、2019 年、78-79 頁、表 3・4

8　看取り事例の振り返り (170 ページ)
秋山さゆり「看取りでのケアマネジャーの役割 振り返りシートでプロセスを明確化し実践を言語化する（生活支援記録法の活用事例③）」『医療と介護 Next』5(5)、2019 年、29 頁

場面および教材等協力者一覧（五十音順）※

- 今井友和（老人保健施設かみつが）
- 伊藤智己（合同会社アートリティ アートリティ居宅支援）
- 恩田美智子（三郷市社会福祉協議会）
- 片桐洋史（児童家庭支援センターちゅーりっぷ）
- 川村扶美（社会福祉法人ふるさと会 特別養護老人ホーム森の里高知・ケアハウス花の郷高知）
- 菊地月香（社会福祉法人同愛会）
- 國司まみね（医療生協さいたま介護事業支援課）
- 甲田由美子（京都民医連中央病院、京都府介護支援専門員会）
- 河野敦子（大網白里市社会福祉協議会）
- 齊藤美樹（老人保健施設かみつが）
- 酒巻愛花（埼玉県立大学 学生）
- 櫻井朝美（在宅サポート21 狭山訪問看護ステーション）
- 櫻本和久（兵庫県多可町福祉課）
- 島田朋子（生活クラブ風の村いなげ）
- 清水直美（千葉市あんしんケアセンター磯辺）
- 柴田紀子（社会福祉法人こころみる会）
- 首長正博（栃木市保健福祉部地域包括ケア推進課）
- 鈴木孝宗（原宿リハビリテーション病院）
- 関谷喜代美（居宅介護支援事業所ほほえみ）
- 相馬康子（おおたわらマロニエホーム）
- 高橋暢介（株式会社ベルツ 在宅リハビリテーション草加）
- 髙橋史創（結城市在宅介護相談センターたけだ）
- 立川正史（那珂川町役場健康福祉課）
- 時枝琢二（大分県認知症疾患医療センター千嶋病院、大分県介護支援専門員協会）
- 福岡正仁（自立支援センター）
- 星野智枝（栃木県県北福祉センター）
- 宮崎則男（特別養護老人ホームこうめの里）
- 山田和子（居宅介護支援事業所こころ）
- 保永菜々子（埼玉県立大学 学生）
- 湯澤洋子（はるかぜ Group）
- 横塚満里（福祉クラブ生協 オプティ港北）
- 横山和世（佐野市健康医療部健康増進課）

※コラムおよび謝辞に掲載した方は省略しております。

著者紹介

嶋末 憲子 (しますえ　のりこ)

　埼玉県立大学保健医療福祉学部　准教授

　日本社会事業大学大学院社会福祉学研究科博士前期課程修了。大学病院(看護師)、訪問介護事業所(非常勤ホームヘルパー)、医療福祉系専門学校の教員などを経て現職。

　主な著書に「高齢期の生活変動と社会的方策」(山田知子編、放送大学教育振興会、2019年)、「経過記録・実施記録のイノベーション　生活支援記録法(F-SOAIP)」『介護人財』15(6)(連載監修、16(1)～16(3)、日総研出版、2019年)、「ICFと生活場面面接の理論を基盤とした生活支援記録法でアセスメント力を高め自立支援を促す」『医療と介護Next』5(3)(連載監修、5(4)～5(6)、メディカ出版、2019年)、「多機関多職種連携に多様な効果をもたらす生活支援記録法(F-SOAIP)訪問リハビリテーション専門職による活用の期待(特別連載 第1回)、『訪問リハビリテーション』9(6)(第2回～第4回を共同監修予定、gene、2020年)ほか多数。

小嶋 章吾 (こじま　しょうご)

　国際医療福祉大学医療福祉学部　教授

　東京都立大学大学院社会科学研究科博士課程単位取得満期退学。医療ソーシャルワーカーを経て現職。

　「ソーシャルワーク記録　－理論と技法－(改訂版)」(共編、誠信書房、2018年)、「地域包括ケア時代の医療ソーシャルワーク実践テキスト」(共著、日総研出版、2018年)、「M-GTAによる生活場面面接研究の応用」(共著、ハーベスト社、2015年)、「生活場面面接における観察と記録の方法」『ソーシャルワーク研究』41(1)(2015年)、「ソーシャルワーク記録における経過記録法」『社会福祉士』25(2018年3月)ほか多数。

※本書は、文部科学省科学研究費補助金基盤研究（C）「ICT・IPWに資する生活支援記録法によるミクロ～マクロの革新的好循環モデル構築」（2019-2021年度）の成果によるものである。

生活支援記録法（F-SOAIP）公式ホームページのご案内

生活支援記録法（F-SOAIP）に関する最新情報は、下記のホームページよりご確認いただけます。

http://seikatsu.care

医療・福祉の質が高まる 生活支援記録法［F-SOAIP（エフソ・アイピー）］
多職種の実践を可視化する新しい経過記録

2020年3月10日　初版発行
2022年1月20日　初版第2刷発行

著　者　　嶌末憲子・小嶋章吾
発行者　　荘村明彦
発行所　　中央法規出版株式会社
〒110-0016　東京都台東区台東3-29-1　中央法規ビル
TEL 03-6387-3196
https://www.chuohoki.co.jp/
本文・装幀デザイン　　北田英梨（株式会社ジャパンマテリアル）
本文イラスト　　ひらのんさ
印刷・製本　　図書印刷株式会社

ISBN978-4-8058-8117-0
定価はカバーに表示してあります。
落丁・乱丁本はお取り替えいたします。

本書の内容に関するご質問については、下記URLから「お問い合わせフォーム」にご入力いただきますようお願いいたします。
https://www.chuohoki.co.jp/contact/